一度読んだら絶対に忘れない

WRITING TECHNIQUE TEXTBOOK

文章術の教科書

辻孝宗

はじめに

「うまい文章」「伝わる文章」が書けるようになる3つのステップ

「文章を書こうとすると、支離滅裂な内容になってしまう……」

「そもそも何を書けばよいかがわからない……」

文章を書こうとすると、このように頭を抱えてしまう人が多いようです。

実際、書店の店頭には、文章作成をテーマにした本がたくさん並んでいます。

なぜ、文章を書くのが苦手な人がこれほどまでに多いのか？

国語の教員をしている私としては、学校教育にも少なからず原因があると考えています。

なぜなら、文章を書く力を伸ばすのは国語の役目の1つだからです。

国語というと、「文章を読む力を伸ばす科目」というイメージを持つ人が多いのですが、厳密には間違いです。

国語の本当の定義は、「論理的思考力を身につける科目」です。

読解力とは、文章を論理的に読む力のことです。

論理的な文章を書く力は、文章力といいます。

学校の国語教育では、読解力に比べて文章力が少し軽視されているように個人的には思えますが、読解力と文章力は同時に磨くことで相乗効果が生まれ、論理的思考力を飛躍的に高めることができるというのが私の考えです。

「論理的な文章ってなんだか難しそう……」と思う人が多いかもしれませんが、心配は要りません。

論理的な文章を書く方法は、驚くほどシンプルです。

自分で問いをつくって、その問いに答える。

たったこれだけです。

じつは、**「自分で問いをつくって、その問いに答える」というフォーマットを使うと、相手に伝わる、論理的な文章が誰でもすぐに書けるようになります。**

本書では、文章を書くのが苦手な人でもすぐに実践できるように、「自分で問いをつくって、その問いに答える」というフォーマットを次の3つのステップに分けて解説します。

【ステップ①】「大きな問い」を立てる
【ステップ②】「大きな問い」を「小さな問い」に分解する

【ステップ③】「小さな問い」の答えを出す

私は西大和学園という学校で中学生や高校生に国語を教えていますが、中学1年生の頃は1行も文が書けず白紙の原稿用紙を提出していたのに、卒業する頃には見違えるような文章が書けるようになっていたという生徒を数多く見てきました。

「伝わる文章」が書けるようになりたいと考えているもののどうすればよいのかわからない社会人や、小論文の勉強法がわからないという悩みを抱えている高校生や大学受験生に、本書が少しでもお役に立てば幸いです。

西大和学園中学校・高等学校教諭　辻 孝宗

一度読んだら絶対に忘れない

文章術の教科書

CONTENTS

第1章 「うまい文章」が書けるようになる3つのステップ

第2章 文章を書く前に、まずは問いをつくる

第3章 文章が書きやすい問いのつくり方

第5章
ワンランク上の文章を書くためのコツ

なぜ、文章を書くのが苦手な人が多いのか？

学校教育にも原因がある

「はじめに」でお話しした通り、学校教育が、文章を書くのが苦手な人を生み出している1つの原因になっているというのが私の考えです。

多くの学校で、「行頭は1字下げる」「句読点はマスの右上に書く」など、原稿用紙の使い方は教えていると思います。

ところが、肝心の「方法論」の指導が抜け落ちている場合が多いのです。

その結果、「文章を書く」とは、「自分の頭の中にある知識や情報などを吐き出して、とにかく原稿用紙を埋めること」だと考える学生が大量に生み出されてしまっているのです。

「文章は、とにかくたくさん書くことが大切」とよく言われます。

日記を書いたり、新聞のコラムを要約したりすることが推奨されることが多いようですが、方法論がわからないままにやみくもに量をこなしたところで文章力の大幅な向上は期待できないでしょう。

作文の方法論とは

では、正しい「文章の書き方」とは何なのか？

それは、**自分で問いをつくって、その問いに答えるように文章を書く**。たった、これだけです。

いきなり思いつくままに文章を書き始めるのではなく、まずは問いをつくるのです。

そして、その問いに答えるように文章を書くと、誰でも「相手に伝わる文章」が必ず書けるようになります。

「文章の書き方を身につける」といわれると、文法や構成などの細かいルールを覚えることをイメージする人が多いかもしれませんが、じつは、拍子抜けするほどシンプルなのです。

文章力を伸ばす勉強として、文法の知識を身につけたり、語彙を増やしたりすることを推奨するような意見をよく目にしますが、私は賛同できません。

もちろん、文法の知識や語彙は大切です。しかし、文法や語彙の勉強をする前に、まずは問いのつくり方を身につけることが作文の第1歩なのです。

ホームルーム②

3つのステップで誰でも文章が書けるようになる！

まずは、「大きな問い」をつくることから始める

現在、西大和学園という学校で、私は中学生や高校生に国語を教えています。

授業の中で、「自分で問いをつくって、その問いに答えるように文章を書きなさい」とだけ伝えても、文章を書くのが苦手な生徒の場合、なかなか習得することはできません。

そこで、私は、どんなに文章を書くのが苦手な人でも、「伝わる文章が必ず書けるようになる3つのステップ」を考案しました。

次ページの図を見てください。ポイントは、最初に「大きな問い」をつくり、その後に「大きな問い」から複数の具体的な問い（小さな問い）をつくることです。

図H-1 問いに答える3つのステップ

ステップ① 「大きな問い」を立てる

「大きな問い」は「その文章を書く目的となる質問」。自己紹介文の場合、「大きな問い」は「あなたはどんな人ですか?」という質問になる。

ステップ② 「大きな問い」を「小さな問い」に分解する

「大きな問い」から、複数の具体的な問い(小さな問い)をつくる。「大きな問い」は、そのままでは答えにくい場合が多いため、「大きな問い」を「小さな問い」に分解して答えやすくする必要がある。

ステップ③ 「小さな問い」の答えを出す

ステップ②でつくった「小さな問い」に1つずつ答えていく。難しく考えすぎず、ただ聞かれた質問に答えるようにすることがポイント。答えられない場合は、ステップ②に戻り、「小さな問い」を見直す。

1000字程度までの短い文章の場合、この3ステップを踏めば問題なく書くことができます。各ステップの内容については、本編で改めて詳しく解説します。

「文章力」とは何か？

なぜ、「自分で問いをつくり、その問いに答える」ように文章を書くだけで、誰でも上手な文章が書けるようになるのか？

理由は、自然と「自分の主張」と「根拠」が明確になった、筋道立った文章になるからです。要は、**論理的な文章になる**ということです。

文章が書けない一番の原因は、「文法の理解不足」でも「語彙の少なさ」でもありません。じつは、論理的思考の不足なのです。

したがって、文章力を伸ばすためには、文法や語彙の知識を身につける前に、論理的な文章を書けるようにすることが先決です。

まずは、本書の第4章までで解説する3つのステップの習得を目指してください。

その後に、第5章で解説するワンランク上の文章術の内容に取り組むことをオススメします。

図H-2　文章を書くときにもっとも大切なこと

国語 ＝ 読み書きを通して論理的思考力を磨く科目

読　解

文章を“論理的”に
読む訓練

作　文

相手に伝わる
「“論理的”な文章」を
書く訓練

↓

**文法や語彙よりも、
論理的であるかどうかを意識して
文章を書くことがもっとも大切**

第1章

「うまい文章」が書けるようになる3つのステップ

センスがなくても、知識不足でも文章は書ける！

文章が書けないのは文才がないから？

「何を書けばよいのかわからない……」

私の教え子の中に、このような悩みを抱えている人がたくさんいます。

「私には文才がないので……」と、落ち込む生徒がよくいるのですが、文章を書くこと自体に才能やセンスは関係ありません。高校1年生の時点で1行も文章を書けなかったり、支離滅裂な文章を書いていたりしていた生徒が、高校を卒業する頃には、わかりやすくて読みやすい文章が書けるようになった姿を数多く見てきました。

センスや才能の他にも、文章を書くのが苦手な原因をインプット不足だと考えてしまう人がよくいます。そういう人は、「そもそも書くことがない（＝インプットの量が足りていない）から、自分は文章が書けないんだ！」と思い込んで、インプットばかりに注力してしまいます。

そして、書くことからどんどんと遠ざかっていくのです。これでは本末転倒です。

「インプット不足」も関係ない

「インプットが足りないから文章が書けない」と考えてしまう気持ちもわからなくはありませんが、じつは、**文章が書けないこととインプットの量は関係がありません**。

例えば、突然、初対面の相手に10分間で自己紹介をしてください、と言われたとします。

おそらく、自分の出身地や年齢、趣味について話した後、「……この後、何を言えばいいんだろう……」と、頭を抱えてしまう人が多いのではないでしょうか。

話すことと書くことという違いはあれど、「インプットしているものをアウトプットする」という観点で見れば、自己紹介をすることも文章を書くことも同じです。

自分自身について話すことが何もない（＝インプットがない）ということは、ありえませんよね。つまり、アウトプットすることにインプットの量は関係がないということになります。

では、文章を書くのが苦手な原因がインプット不足ではないなら、本当の原因はいったい何なのでしょうか？

問いをつくれば文章は簡単に書けるようになる

質問をされると、答えやすくなる

次の5つの質問を見てください。

1　あなたの休日の過ごし方は？ 直近の長期休暇でどんなことをしましたか？
2　最近、あなたが嬉しく感じたことはなんですか？
3　最近、あなたが悲しかった出来事はなんですか？
4　あなたに影響を与えた作品（小説・漫画・映画・アニメ・ドラマなど）を1つ挙げてください。また、あなたはその作品からどんな影響を受けましたか？

5　あなたは友人からどんな人物であると言われることがありますか？

この5つの質問に順番に答えると、次のようにそのまま自己紹介文になります。

私は、この前のゴールデンウィーク期間中、友達とゴルフをしました。ゴルフが趣味ではあるものの、日頃、なかなか時間が取れないことが悩みです。この前のゴールデンウィークでやっとゴルフに行くことができたので、大変有意義な休暇になりました。最近で嬉しかったのは、昨年末に自分が勤める会社の事業部の目標を達成できたこと、反対に最近で悲しかったのは、彼女にフラれてしまったことです。好きな小説の作品は、坂口安吾の『堕落論』です。落ち込んだ出来事があるたび、『堕落論』を読んで元気をもらっています。友人には「自分からはあまり進んで話さないけれど、仲良くなると冗舌になるタイプ」とよく言われているので、ぜひ、みなさん積極的に声をかけてもらえるとありがたいです。

質問に答えただけで、自己紹介文ができてしまいました。なぜ、「自己紹介をしてください！」と言われると言葉に詰まりやすいのに、インタビューを受けるように細かく質問をされれば答えることができるのか？　じつは、**文章においてもっとも重要なのは、インプット量ではなく問い**なのです。

文章のキホン③

「文章を書く」とは「問いに答える」ことである

すべての文章には問いがある

なぜ、問いがないと文章が書けなくなってしまうのか？

じつは、この疑問は、前提が間違っています。

そもそも、**「文章を書く」という行為自体が、問いに対して答えをつくる行為**なのです。

例えば、読書感想文の内容は、「この本に対して、あなたはどんな感想を持ちましたか？」という質問に対する答えです。

自己紹介文は、「あなたはどんな人ですか？」という質問に対する答えになります。

本書についても、「文章を書くのが苦手な人が、どうすれば文章をスラスラと書けるようになるのか？」という問いに対する答えとして書かれています。

新聞や小説なども同じ

新聞も「最近、世の中でどんな出来事が起きているのか？　そして、それはなぜ起こってしまったのか？」という問いに対して答えているだけです。

小説に関しても、同じことが言えます。

ミステリー小説は、なんらかの事件が起こり、真相が少しずつ明らかになります。

ミステリー小説の場合、問いは事件です。

そして、答えが真相になります。

「なぜ、犯人は事件を起こしたのか？」

「犯行当日の犯人の行動は？」

「事件の犯人は誰なのか？」

このような問いを探偵役が1つずつ明らかにしていくのです。

恋愛小説も、「主人公の恋の行方は？」という問いに答える内容と言えますよね。漫画やアニメ、ドラマも同じです。

では、童話や文学作品はどうでしょうか？

イソップ童話の1つである『北風と太陽』は、北風と太陽が、どちらが旅人の上着を脱がせられるか勝負するという内容です。

最初に北風が、旅人に対して強い風を吹かせて強引に上着を脱がせようとしますが、むしろ上着が飛ばないようにしっかりと押さえられてしまい、失敗します。

次に太陽は、暖かく照らすことにしました。すると、旅人は暑さから自ら服を脱いだのです。

この内容からもわかる通り、『北風と太陽』は、「相手に自分の主張を受け入れてもらうためにはどうすればいいのか？」という問いに対する答えが教訓として描かれています。

菊池寛が書いた『恩讐の彼方に』という文学作品は、自分が犯してしまった殺人という罪に対して罪悪感を抱く主人公が、自分の罪と向き合い、償いをする過程が描かれています。

作品の終盤に入ると、被害者の息子が登場し、主人公に対して復讐を果たそうとします。

この2人の関係性を通して、「人はどうすれば罪を償えるのか？」「恩讐の彼方には何が待っているのか？」という問いが浮かび上がるようになっています。

このように、**評論から新聞、小説、漫画まで、どんなジャンルの本であっても根底には必ず問いが隠されている**のです。

図 1-1 「文章を書く」とは何か？

文章を書く ＝ 問いに対して答えをつくる行為

なぜ、〜なのか？

それは、〜だからなのです。

そのため、すべての文章には必ず問いがある！

文章の種類	問い
読書感想文	この本に対してあなたはどんな感想を持ちましたか？
自己紹介文	あなたはどんな人ですか？
新聞	最近、世の中でどんな出来事が起きているのか？そして、なぜ起きたのか？
恋愛小説	主人公の恋の行方は？

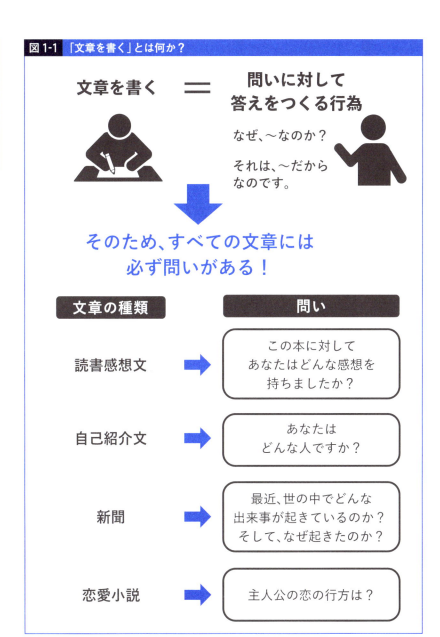

誰でも文章が書けるようになる3つのステップ

文章の3つのステップ①

問いを分解する

「問いを立てて、答えをつくる」ときに重要な作業があります。それが、「問いの分解」です。

さきほどの自己紹介を例にすると、「自己紹介をしてください！」と言われて答えようとすると言葉に詰まりやすくなります。しかし、「休日の過ごし方は？」「最近嬉しかったことは？」などと、細かく質問をされると、簡単に自己紹介ができました。つまり、「自己紹介をしてください！」という問いを「休日の過ごし方は？」「最近嬉しかったことは？」などと、複数の「小さな問い」に「分解」することで、文章が書きやすくなるということなのです。このプロセスは、左の図のように3つのステップに分けられます。1つずつ、詳しく見てみましょう。

図1-2 問いに答える3つのステップ

自己紹介文を書く場合

ステップ① 「大きな問い」を立てる

「大きな問い」は「その文章を書く目的となる質問」。

大きな問い 「あなたはどんな人ですか？」

ステップ② 「大きな問い」を「小さな問い」に分解する

「大きな問い」から、複数の具体的な問い（小さな問い）をつくる。

小さな問い1 あなたの休日の過ごし方は？

小さな問い2 最近、あなたが嬉しく感じたことは何ですか？

ステップ③ 「小さな問い」の答えを出す

ステップ②でつくった「小さな問い」に１つずつ答えていく。
答えられない場合は、ステップ②に戻り、「小さな問い」を見直す。

私は、この前のゴールデンウィーク期間中、
友達とゴルフを～。
最近で嬉しかったのは～。

【ステップ①】「大きな問い」を立てる

「大きな問い」とは、その文章を書く、まさに目的となる質問のことです。

自己紹介文の場合、書く目的は、その文章を読んだ人に自分の人となりを知ってもらうことです。「自己紹介をしてください！」という文は「あなたはどんな人ですか？」という質問に変換することができます。したがって、自己紹介文の場合は、「あなたはどんな人ですか？」という質問が、「大きな問い」になります。

【ステップ②】「大きな問い」を「小さな問い」に分解する

「あなたはどんな人ですか？」と、いきなり聞かれても答えにくいですよね。じつは、「大きな問い」は、そのままでは答えにくい場合が多いのです。そこで、**「大きな問い」を「小さな問い」に分解して答えやすくする必要があります**。

「あなたはどんな人ですか？」という問いの場合、「どんな人？」という部分を「休日の過ごし方は？」「最近嬉しかったことは？」というように、複数の具体的な「小さな問い」に分解します。

【ステップ③】「小さな問い」の答えを出す

複数の「小さな問い」ができたら、最後は「小さな問い」に対して1つずつ答えるだけです。ポイントは、**あまり難しく考えすぎず、ただ聞かれた質問に答えるようにする**ことです。答えるのが難しいと思った場合、それは答えを出すのが難しいのではなく、問いが難しいままになっている、つまり、分解が十分にされていない可能性があります。そのため、ステップ③で行き詰まった場合は、ステップ②に戻り、「小さな問い」を見直す必要があります。

すべての文章が3ステップで書ける

以上が3つのステップの内容になります。

短い文章のほとんどは、この3ステップで事足ります。

文章が書けないときは、「この3ステップのどこかで行き詰まっている」ということです。ステップ①の「大きな問い」が立てられていないから書けないのかもしれないし、ステップ②の「大きな問い」の分解に手間取っているのかもしれません。

いずれにしても、**3つのステップの中で行き詰まっている場所を特定して解消できれば、誰でも文章は必ず書けるようになる**のです。

文章の3つのステップ②

じつは、国語は「文章の3つのステップ」を磨く勉強

国語のテストも3つのステップを試している

「こんな内容、学校で教えてもらったことはない！」

ここまでの内容を読んで、このように思った人がいるかもしれません。

現役の国語教師である私としては申し訳ない気持ちでいっぱいですが、ただ、「教えてもらっていない」というのは少し語弊があります。

なぜなら、**国語は、一貫して前述の3つのステップを学ぶ科目**だからです。

国語のテストで、次のような形式の問題がよく出題されます。

〇〇〇〇とあるが、それはどういうことか。次の4つの選択肢からもっとも適切なものを選べ。

これは、国語の問題において、まさに定番の出題形式と言えるでしょう。

じつは、この形式の問題は前述の3つのステップの視点を用いることで解くことができます。

次の問題を見てください。これは、本書のここまでの内容を踏まえた問題です。

【問題】

「文章を書くことが苦手な人は、質問を考えることができていない可能性が高い」とあるが、それはどういうことか。次の4つの選択肢からもっとも適切なものを選べ。

A. 誰かに質問する能力が低い人は、何をやってもうまく行かないということ
B. 作文をすることができない人は、文章ではなく質問を考えるのが苦手だということ
C. 質問を考える機会が少ない人は、文章を考える時間が少ないということ
D. 文章をつくることができない人は、自己紹介も苦手にしているということ

この問題に答えるためのプロセスを考えてみましょう。

まずは、文章をすべて読んだうえで、「なるほど、文章を書けるようにするためにはどうすればよいか、という問いについて、教えようとしているのだな」と、テーマを理解します。要は、「1　大きな問い」の理解です。この「大きな問い」とかけ離れている選択肢は削ります。この場合、Aは「作文」「文章をつくる」という話から離れてしまっているので×になります。

次に、「文章を書けるようにするためにはどうすればいいか?」という問いがどう分解されているのかを考えてみます。

24ページで、「インタビューで質問されたら答えられるのに、文章を書けと言われたら難しいのはなぜか?」という問いについてすでにお話ししています。ということは、「文章を書けるようにするためにはどうすればいいか?」という「大きな問い」が、「インタビューで質問されたら答えられるのに、文章を書けと言われたら難しいのはなぜか?」という「小さな問い」に分解されていることがわかります。これが、「2　大きな問いを小さな問いへ分解する」です。すると、Dはインタビューや質問の話から離れて「自己紹介」の話をしているので、×だとわかります。

最後に、「3　小さな問いに答えを出す」です。26ページで、「インタビューで質問されたら答えられるのに、文章を書けと言われたら難しいのはなぜか?」に対する回答が、「文章はそもそも、『問いと答え』だから」と、明言されています。これが問いに対する答えだったわけです。

したがって、Bが正解だとわかります。

Cは、答えとして明言されていないので×になります。

問いの分解を求めている読解問題

このように、すべての国語の読解問題は、3つのプロセスを問う問題で構成されているのです。

例えば**「筆者は何が言いたいのか?」という問題は、「この文章の大きな問いはどれか?」というステップ①に関する問題**だと言えます。

「(「?」で終わる箇所に線が引かれて)文中のこの問いに対する答えは?」という問題は、「小さな問いの答えはどれか?」というステップ③に関する問題です。

さらに言えば、**読解問題で頻出の「なぜ○○なのか?」という「なぜ」の形式の問題は、「大きな問い」を分解して考えさせることを求めています。**

「なぜ、『文章を書く』という行為は、そもそも、『問い』と『その答え』をつくるための行為だと言えるのか?」という質問は、1つの問いに対して「なぜ?」という新しい問いをぶつけることによって、より具体的に問いを分解する行為に他なりません(この点については、次章で詳しく説明します)。

第2章

文章を書く前に、まずは問いをつくる

多くの本が問いから始まっている理由

なぜ、問いから始めるのか?

ここから、ステップ①の「大きな問いのつくり方」について具体的にお話しします。

次ページの文章を見てください。これらは、2冊の異なる「はじめに」の冒頭部分を抜粋した文章です。

これらの文章には共通点があります。それは、**文章が問いから始まっている**ことです。

そして、2作品とも、問いに対する答えが、「この本全体の内容」になっているのです。いずれも、「多くの人が疑問に思うこと」を問いとして最初に提示し、その答えが文章として展開されています。

このような形式の本は、世の中にたくさんあります。

①「頭がいい人って、なんで頭がいいんだろう？」

みなさんは、そんなことを疑問に思ったことはありませんか？

同じ時間をかけて勉強をしていても、成績が上がる人は上がりますし、そうでない人はあまり上がりません。

出典：『「思考」が整う東大ノート。』西岡壱誠著（ダイヤモンド社）

②突然の質問で恐縮ですが、みなさんは日常生活を過ごしている中で、何かに対して「なんでだろう？」と疑問に感じることはありますか？　例えば、駅から家に戻る帰り道で、みなさんはどれくらいのことを疑問に思い、「これってどうしてなんだろう？」と理由を考えて、答えを考える習慣を持っていますか？

私はもう20年近く、予備校講師として東大受験生を指導してきました。地理講師として、何百人という受験生を東大に送り込んできた自負があります。

その中で、常々「東大に合格できる受験生には、どのような共通点があるのか」を考えていました。

その一つの答えが、「身近な疑問を考える習慣」なのです。

出典：『「ドラゴン桜」式クイズで学ぶ東大思考』宇野仙著（星海社新書）

冒頭の一文として問いが書かれていなかったとしても、「はじめに」自体が「大きな問い」になっていて、本編を読み進めるとその答えがわかるようになっている場合もあります。

試しに、みなさんが最近読んだ本を本棚から取り出して、「はじめに」のページをもう一度読んでみてください。

「はじめに」のどこかに問いが存在していることがわかるはずです。

ちなみに、本に限らず、インターネットのメディア記事や新聞、雑誌などでも、問いの見出しをよく見かけます。

なぜ、世の中には問いから始まる文章がこんなにも多いのか？

もちろん、偶然ではありません。

書き手側の理由がちゃんとあります。

それは、「**文章が圧倒的に書きやすい**」からです。

しかも、読み手側にとっても「**読みやすい文章になる**」のです。

問いを入れるだけで文章が急に読みやすくなる

次の文章を読んでみてください。

昔は、学校という共同体に行かないと、流行っている漫画や音楽など、カルチャーの共有ができなかった。学校に行かないということは「社会から完全に取り残される」という恐怖感があった。でも、今の子に学校という共同体なんて必要ない。SNSが発達しているので、カルチャーはむしろネットのほうが吸収しやすいし、仲間も見つけやすいのだ。だから、学校に行かないことに対して、なんの恐怖感を抱くこともないのだ。

一見、問題のない文章のように思えます。

一文ずつ確認しても、特に意味がわからない内容はありません。

しかし、多くの人がこの文章を少し読みにくいと感じたのではないでしょうか。

一文一文は特に問題がないのに、文章全体を見てみると、テーマがわかりにくいうえに書き手の主張もよくつかめないのです。

この原因が、まさに、この文章に問いがないからなのです。

では、この文章に問いを入れて書き直してみると、どうなるでしょうか?

なぜ、若者は学校に行かないのだろうか? 今、学生たちは不登校を含め、「自分の身体を学校に持っていかない」という選択を取る人が多い。通信制高校の生徒数はどんどん増えていて、普通科高校の志願者はどんどん減っているという。その理由は一体なんなのだろうか？　私は、カルチャーの共有の場が変わったからだと考えている。昔は、学校という共同体に行かないと、流行っている漫画や音楽など、カルチャーの共有ができなかった。学校に行かないということは「社会から完全に取り残される」という恐怖感があった。でも、今の子にはそんなものは必要ない。SNSが発達しているから、カルチャーはネットのほうが吸収しやすいし、仲間も見つけやすい。だから、学校に行かないということに対して、なんの恐怖感もないのだ。

この文章は、「なぜ、○○なのか？」という問いから始まっています。

そして、その問いに対する答えとして、文章が続いています。

こうすることで、先ほどの文章よりも、「何に対する答えを出すための文章なのか」が断然わかりやすく、読みやすくなったのがおわかりいただけるのではないでしょうか。

このように、**問いは読者に対して「自分がこれから話す内容の方向性」について明示する役割を果たしている**と言えます。

文章を書くことは、真っ白な紙に絵を描く行為ではなく、木材から仏像を彫るような行為に等しいと私は考えています。

真っ白い紙に絵の具で絵を描くときは、ゼロから何かを生み出さなければなりません。

しかし、文章の場合、内容や語るべきことは頭の中にすでに存在しています。物語を書く人は自分の経験を基にしてストーリーをつくる場合がほとんどでしょうし、ノウハウを語る人は自分のこれまでの蓄積を土台にして何かを語る場合がほとんどでしょう。

何もないところからつくるのではなく、元となる木材自体はあって、その木材をいかに彫るかがカギになります。

そして、問いをつくる行為が、まさに木材を「彫る」行為なのです。そのままだとただの木材にしか見えないのに、あえて切り込みを入れて、形をつくる行為なのです。

すべての文章は問いでできている

文章には7つの型がある

読解をテーマにした前著『一度読んだら絶対に忘れない国語の教科書』の中で、私は「すべての文章は7つの型のいずれかでできている」というお話をしました。

すべての文章は、次ページの図にある①同格型、②質問型、③対比型、④変化型、⑤ギャップ型、⑥葛藤型、⑦説話型のいずれかでできています。この7つの型を見ると、「では、ここまで取り上げられてきた文章の話は、すべて2つ目の質問型のこと？」という疑問を抱く人が多いかもしれませんが、そうではありません。質問型以外の6つの型であっても、根本には、すべて問いがきちんとあるのです。

1つずつ順番に見てみましょう。

図2-1 文章の7つの型

①同格型	最初に書き手の主張が述べられる。次に、主張の理由や具体的な説明が行われたうえで、最後に、もう一度主張が述べられる。
②質問型	最初に「問い」を立て、文章の中でその問いに対する「答え」を示す。
③対比型	2つ以上の対立する概念や選択肢を最初に紹介したうえで、対立する意見を戦わせる。最終的にどちらがよいか、書き手の主張を明確にする。
④変化型	物事の変化について書かれた文章。変化を「変化前」「変化理由」「変化後」の3つの要素で整理する。
⑤ギャップ型	変化型の派生型。変化型の中でも、変化前と変化後の間にある隔たり（ギャップ）を強調している文章。
⑥葛藤型	対比型の派生型。相反する2つの考え方の中で思い悩む様が描かれる。葛藤が読み手への質問になっていて、結論がない場合が多い。
⑦説話型	なんらかのエピソードを通じて、読み手に教訓を与える文章。教訓の内容の解釈は読者に委ねられる。

同格型の文章の問い

まずは、次の同格型の文章を見てください。

私は若いうちは尖っていたほうがいいと思います。若いうちから衝突を恐れていては何も面白いものは生まれません。特に10代や20代の間はとにかく尖っていていいのです。自分でなんとかしようとしなくても、30歳を超えると自然と尖りがなくなり、最終的に丸くなります。だからこそ、若いうちは尖っていたほうがいいのです。

同格型の文章では、最初に書き手の主張が述べられます。そして、主張の理由や具体的な説明が行われたうえで、最後に、もう一度主張が述べられます。

この文章の場合、書き手の主張は「若いうちは尖っていたほうがいい」です。

この「若いうちは尖っていたほうがいい」という主張は「若いうちは尖っていたほうがいいのか？」という問いに変換することができます。

対比型の文章の問い

続いて、対比型の文章を見てください。

みなさんは、猫と犬のどちらが好きでしょうか？　じつは、日本では猫を飼っている人の数のほうが多いです。犬は散歩が必要ですし、大型犬の場合、物を壊してしまう危険性もあります。その点、猫は身体が小さく、飼いやすい傾向にあります。こうした事情から、猫のほうが人気があるのです。

対比型の文章では、２つ以上の対立する概念や選択肢を最初に紹介したうえで、対立する意見を戦わせます。そして、最終的にどちらがよいか、書き手の主張を明確にするのです。

この文章の場合、「猫」と「犬」を対立させ、「猫と犬のどちらがよいか？」という問いの答えを出すように文章が書かれています。

変化型の文章の問い

次は、変化型の文章を見てみましょう。

任天堂のゲームは進化を続けています。かつて画面にタッチして操作することなどできませんでしたが、タッチして操作できるゲームとしてニンテンドーDSが開発されました。また、かつて2Dでゲームをするのが当たり前でしたが、3Dで見ることができるニンテンドー3DSが開発されました。他にも、かつてテレビとつないだゲーム機と携帯ゲーム機とは別物として扱われていましたが、どちらでも遊ぶことができるNintendo Switchが開発されました。これは、「タッチ操作できたら楽しい」「3Dで見ることができたら迫力がある」「家でも外でも同じゲームで遊びたい」という子供の要望に応えようとした結果の進化だと言えるでしょう。このように、できなかったことがどんどんできるようになっていくという進化を、任天堂のゲームは続けていると言えるのです。

変化型は、物事の変化について書かれた文章のことです。変化を「変化前」「変化理由」「変化後」の3つの要素で整理します。

変化型の文章の場合は、「どう変わったのか？」という問いに対して答えている文章、と解釈することができます。

ギャップ型、葛藤型、説話型の文章の問い

ギャップ型は、変化型の派生型です。変化型の中でも、変化前と変化後の間にある隔たり（ギャップ）を強調している文章のことです。変化型よりも、変化が大きい文章になるので、「どう変わったのか？」という質問が、ギャップ型の場合は「なぜ、こんなに大きく変わったのか？」という質問になります。

葛藤型や説話型も同じです。

「どちらがいいか？」「これからどんな教訓が得られるのか？」という問いを投げかけたうえで、その問いに対する答えは明言せず、読者に考えてもらうようにしています。

このように、質問型に限らず、すべての文章の根本には必ず問いがあることがわかります。

そもそも、伝えたいことは何かという大きな問いに答えるために、７つの型があるわけです。

「文章を書く目的」を明確にする

「大きな問い」に必要なもの

前述の通り、「大きな問い」とは、その文章を書く、まさに目的となる質問のことを指します。

そのため、「文章を書く理由」を言語化して明確にすれば、自ずと「大きな問い」が出来上がることになります。

例えば、私は毎日のように学校で生徒に向けて1000文字程度の文章を書いています。

文章の内容は、「次のテストへの心構え」から「高校生活を送るうえで大切にしてほしいこと」まで多岐にわたりますが、1つだけ共通していることがあります。

それは、「生徒に対するメッセージが込められている」ことです。

「生徒たちがこの前のテストでよく頑張ったことを褒めてあげたい」「受験前で緊張している生徒が多いので、緊張を緩和するための方法について教えたい」など、文章を作成するときに、私は必ずなんらかのメッセージを込めています。

生徒に対して伝えたいメッセージが先にあって、「メッセージが伝わりやすい内容は何だろうか？」と、考えたうえで文章を書いているということです。

つまり、**「何を書けばいいのかわからない状態」というのは、「文章を書く目的が明確になっていない状態」**と言い換えることができます。

したがって、まずは文章を書く目的を明確にすることが、「何を書けばいいのかわからない状態」から脱け出す第1歩になるということです。

文章を書く目的はどっち？

文章を書く目的（メッセージ）を考える際のポイントが1つあります。

それは、自分が伝えようとしているメッセージは、「みんなが知りたがっていること」なのか、それとも、「みんなが知りたいとは思っていないこと」のどちらであるかを考えることです。

具体的に説明しましょう。

まず、「**みんなが知りたがっていることを伝える場合**」です。

この場合、「みんなが知りたがっていること」が、そのまま「大きな問い」になります。

例えば、「緊張をほぐすためにはどうすればいいのか?」「頭がいい人は、どんな勉強をしているのか?」「野球がうまい人はどんなトレーニングをしているのか?」「10年連続黒字の会社の社長は、どんな経営をしているのか?」などです。

基本的に、ほとんどの文章がこのパターンに当てはまります。

難しいのは、次の「**みんなが知りたいと思っていないことを伝える場合**」です。

これは、相手が知りたいと思っていないものの、相手に伝えなければならない場合と言えるでしょう。「**みんなが間違って認識していることを正す場合**」とも言い換えられます。

例えば、緊張を緩和させるための手段について「そもそも、自分は緊張しないから大丈夫」「緊張を緩和させる手段をすでにたくさん知っているから大丈夫」と考えている人が多いという状況を考えてみましょう。

現時点では「自分は緊張しない」と思っている人でも、今後、緊張する場面に遭遇するかもしれませんし、「緊張を緩和させる手段をすでにたくさん知っている」という人も、その手段が間違っている可能性があります。

「みんなが知りたいことを伝える」という前提の文章だけでは、このような人の認識を大きく変えたり、勘違いを正したりすることはできません。

図 2-2 文章のスタンスから「大きな問い」を決める

「みんなが知りたがっていること」を文章に書く場合

「みんなが知りたがっていること」であれば、
そのまま「大きな問い」にできる。

（質問例）
- 緊張をほぐすためにはどうすればいいのか？
- 頭がいい人は、どんな勉強をしているのか？
- 野球がうまい人はどんなトレーニングをしているのか？
- 10 年連続黒字の会社の社長は、どんな経営をしているのか？

↓

ほとんどの文章が、このパターン！

「みんなが知りたいと思っていないこと」を文章に書く場合

「みんなが知りたいと思っていないこと」を伝える ＝ 「みんなが間違って認識していること」を正す

↓

「大きな問い」のつくり方に“工夫”が必要！

間違った認識を正す場合の質問例

「みんなが知りたいと思っていないことを伝える場合」、つまり、みんなが間違って認識していることを正したい場合は、次ページの図のように、**「みんなが答えを間違えるような質問」**、または**「多くの人の勘違いを正すような質問」**をつくる必要があります。

このときのポイントは、**相手の感情を動かす**ことです。

「みんなが知りたがっていること」を伝える場合は、自分の話に対して相手は最初から聞く姿勢を持ってくれています。

しかし、「みんなが知りたいと思っていないこと」を伝える場合、相手は聞く耳をまったく持っていません。

そのため、相手の感情を動かすような質問をつくることで、聞く姿勢を持ってもらう必要があるのです。

図 2-3 みんなが知りたいと思っていないことを伝えるときの質問のつくり方

「みんなが知りたいと思っていないこと」を伝える ＝ 「みんなが間違って認識していること」を正す

1.みんなが答えを間違えるような質問例

受験で緊張しないようにするためには、
次のうちどちらがよいと思いますか？

A.前日は早く寝たほうがいい
B.前日までみっちり勉強したほうがいい

多くの人がAと答えると思いますが、
じつは、Bのほうがよいのです。その理由は〜

2.多くの人の勘違いを正すような質問例

みなさんの中に、「自分は緊張しないタイプだ」と思っている人はいないでしょうか？

じつは、「自分は緊張しない」と考えている人ほど、本番で思わぬ失態を演じてしまう可能性があるのです！ その理由は〜

「大きな問い」を「冒頭の文章」に変換する

文章の書き出し方は2種類ある

「大きな問い」のイメージができたら、次は「冒頭の文章」に変換します。文章の書き出し方には、左の図の通り、**レポート型**と**講義型**の2つのタイプがあります。次の2つの文章を見てください。

A．なぜ、日本のアニメーション作品は世界で評価されているのだろうか？ このレポートでは、2つの観点から考察しようと思う。1つ目はクオリティ、2つ目は文化に関してだ。

B．日本のアニメーションが世界で評価されるのは、日本の文化と結びついた作品のクオリティ

図 2-4　文章の書き出し方

書き出し方①

レポート型

最初に「大きな問い」を掲げたうえで、その問いを様々な角度から検証して最終的な答えを出す文章。著者も、結論がわからないまま文章を書いている場合がある。

書き出し方②

講義型

最初に結論（答え）を述べたうえで、その結論が正しい理由を述べる。著者には結論が見えているため、結論の根拠となる理由が焦点になる。

の高さが理由だと私は考えている。以下に、その理由を述べる。

どちらも、「なぜ、日本のアニメーション作品は世界で評価されているのか？」という「みんなが知りたい問い」に対して答えを出す文章になります。

ただ、2つの文章では書き方が少し異なっています。

Aのほうは、「なぜ、日本のアニメーション作品は世界で評価されているのか？」という問いから始まっています。

それに対してBは、「日本のアニメーションが評価されているのは、日本の文化と結びついた作品のクオリティの高さが理由だ」と、問いの答えを先に述べています。

つまり、Aは「質問を投げかけ、答えが文章になっている」のでレポート型、Bは「質問と答えが書いてあって、その答えに至った理由が文章になっている」ので講義型の文章ということになるのです。

じつは、すべての文章が、「レポート型」と「講義型」のどちらかに当てはまります。

どちらにも当てはまらない場合

中には、一見、どちらにも当てはまらないように思える文章もあります。

ただ、そのような文章も表現の仕方を変えているだけであることがよくあります。

次の文章を見てください。

先日、中国人の友人からこんなことを言われた。

「なあ、なんで日本のアニメーションはあんなにクールなんだ?」

私自身はそんなことを考えたことはなかったが、外国人の目には日本のアニメーションは異次元にクールで面白いものだと映るらしい。なぜ、日本のアニメは世界で評価されているのだろうか? 今回はこの問いについて考えてみようと思う。

先ほど同じく「なぜ、日本のアニメーション作品は世界で評価されているのか？」という問いに答える文章ですが、冒頭が中国人の友人との卑近なエピソードから始まっています。

卑近なエピソードから始めることで、読み手に親近感を与える効果があるのです。

話題があまり身近ではなかったり、抽象的すぎたりするときによく用いられる手法です。

「大きな問い」の答えは必ずしも出さなくていい

「大きな問い」のつくり方③

答えがわからなくても文章は書いていい

「大きな問い」を考えるときに、おさえておきたいポイントがあります。

それは、**「大きな問いに対する答えは、必ずしも出さなくていい」**ということです。

レポート型では、冒頭に問いを書いたうえで、答えやその問いに対する考察を進めるように文章を書くことになります。

しかし、その問いの答えを知らないと書いてはいけないわけではありません。

答えがわからない状態でも、文章を書いてもよいのです。

じつは、「著者自体も答えがわからないまま書き始めている文章」というのはたくさんあります。

先ほどの文章をもう一度見てください。

なぜ、日本のアニメーション作品は世界で評価されているのだろうか？　このレポートでは、2つの観点から考察しようと思う。1つ目はクオリティ、2つ目は文化に関してだ。

この文章を書いているとき、書き手の頭の中に「完ぺきな答え」がなくても問題ありません。なぜなら、この文章を書くこと自体が答えを考える行為だからです。この文章を書きながら考察を深めることで、答えが見えてくるかもしれません。問いを書き始めている段階では、しっかりとした答えが浮かんでいなくてもいいのです。こんな文章もあります。

我々は、どのように生きるべきか？　この深遠で答えのない問いに対するアプローチとして、哲学を学ぶことは大きな武器になると考えられます。例えば〜

「我々はどう生きるべきか？」「私とは何か？」「後悔しない生き方をするためにはどうすればいいか？」などの哲学的な問いに、万人が納得する、完ぺきな答えは存在しません。

また、「お金と愛は、どちらが大事か？」「0歳選挙権は導入されるべきか否か」というような結論が出ない問いもたくさんあります。

ただ、答えが出にくい、もしくは出せないテーマについても、文章を書くこと自体はとても重要なことなのです。

文章が苦手な人の中には、「間違った意見を書いてはいけない」「絶対的に正しいことを書かなければいけない」と、思い込みすぎている人がよくいます。

しかし、**問いの答えを出すのが文章を書く目的ではなくても問題ない**のです。

「問うこと」、それ自体に意義があります。

書いている途中で答えが見えてくるくらいでもよいですし、答えが最後まで出なくても、それでも意味があると定義して書いてもいいのです。

問いをメッセージにする

もっと言えば、**問い自体をメッセージにしてしまってもよい**のです。

次の文章を見てください。

現在、日本では世帯年収300万円未満の家庭の子供のうち、じつに3人に1人が、「1年間の中で思い付く思い出がない」と回答しています。このデータは、日本の子供たちの間で「体験格差」が生まれていることを示していると思います。なぜ、体験格差が発生しているのか？　そして、この問題が何を引き起こすのか？　こうしたことを考えることは、日本の今後の教育を考えることにつながっていくのではないかと思います。

「なぜ体験格差が発生しているのか？　この問題は何を引き起こすのか？」という問いに対して、様々な理由が考えられるでしょう。

この問いに対して完ぺきな答えを出すことは不可能ですし、そのこと自体にあまり意味がありません。

文中には「こうしたことを考えることは、日本の今後の教育を考えることにつながっていくのではないかと思います」と書かれています。

この言葉通り、じつはこの問いを考え、答えを出すためのアプローチ自体が、文章を書く意義になっているのです。

書く目的に合わせて2つの型を使い分ける

最後に、文章の書き方についてのコツを1つ紹介します。

・みんなが知りたがっていることを伝えたい　→**レポート型**で書く
・みんなが勘違いしていることを正したい　→**講義型**で書く

みんなが知りたがっていることを伝えたいと思ったものの、「明確な答え」にまで至っていない場合というのはよくあります。

そういうときは、「レポート型」にすると書きやすくなります。

反対に、みんなが勘違いしていることを正したいときは、結論が先にあるわけなので、講義型で「その結論に至った理由」から始めるのがオススメです。

このコツをおさえておくと、これまで以上に文章が書きやすくなるはずです。

図 2-5 レポート型の場合、答えがわからなくても書いていい

× 答えがわかるまで書かない

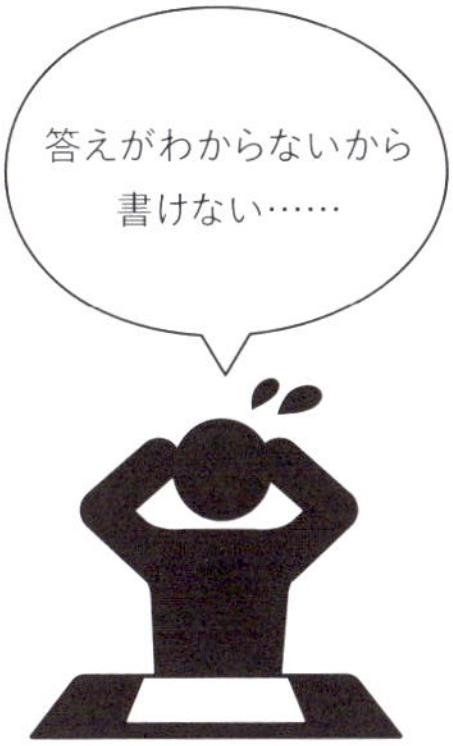

文章が苦手な人の中には、「間違った意見を書いてはいけない」「絶対的に正しいことを書かなければいけない」と、思い込みすぎている人が多い。しかし、レポート型の場合、問いの答えを出すのが文章を書く目的でなくても問題ない。答えが最後までわからなくても、問うこと自体に意義がある、と考えるようにする。

○ 答えがわからなくても書き始める

レポート型では、冒頭に問いを書いたうえで、答えやその問いに対する考察を進めるように文章を書く。そのため、答えがわからない状態でも、文章を書いても問題ない。さらに、答えるのが難しい問いの場合、問い自体をメッセージにしてしまってもOK。

第3章

文章が書きやすい問いのつくり方

問いが具体的であるほど文章は書きやすい

「大きな問い」のままでは、答えるのが難しい

ステップ①で「大きな問い」をつくったら、次は、ステップ②の「小さな問いの分解」に入ります。

「分解する」とは、「具体的にする」ということです。

質問が具体的になればなるほど、比例して答えを出すことも簡単になります。

「伝えたいメッセージはわかっているのに文章が書けない状態」とは、問いが大きいままで「分解」ができていない状態です。

例えば、「和食について文章を書きたい」と思ったとします。

まずは、和食について書く目的を「みんなが知りたがっていることを伝える」または「みんなが勘

違いしていることを正す」のどちらのパターンにするかを考えます。

そして、「海外で和食が評価されている理由を知りたがっている人が多い」ことに注目したとするなら、「みんなが答えを知りたい共通の質問」を考えてみます。

「和食の何がすごいのか？」「なぜ、和食は海外で評価されているのか？」などの問いであれば、多くの人が知りたい質問になるでしょう。

次に、冒頭の文章に変換します。

前述の通り、「みんなが知りたがっていること」を伝える文章の場合は「レポート型」が書きやすいので、「なぜ、和食は海外で評価されているのか？ ここでは、この問いについて考察します。」と書き始めれば、文章の入り方としてはよい感じだと言えるでしょう。

そして、冒頭の問いに対して答えを書きます。

今回の場合、「なぜ、和食は海外で評価されているのか？」という問いに対する答えを書けば、それがそのまま文章になります。

考えうるいろいろな理由を書いたうえで、「したがって、和食はこういう理由で海外で評価されているのです」という一文で締めることさえできれば、文章として成立することになります。

ただ、実際には、これだけでは文章を書くのは難しいでしょう。

なぜなら、「なぜ、和食は海外で評価されているのか？」という問いは、〝大きすぎる〟からです。

〝大きい〟というのは、要は、「抽象的」ということです。

「大きな問い＝範囲が広くて抽象的で曖昧な質問」に答えを出すのは、とても難しいのです。

例えば、友人から「英語の勉強を頑張っているのになかなか上達しないのだけれど、どうすればいいと思う？」と、悩みを打ち明けられたとします。

このような質問に、みなさんはパッと答えられるでしょうか？

おそらく、多くの人が答えに窮してしまうはずです。

なぜなら、友人が苦戦しているのがスピーキングなのか、それともリスニングなのか、はたまたリーディングなのかによって、アドバイスの内容が変わるからです。

仮に友人がスピーキングを苦手にしていた場合でも、英文法の理解が足りないのか、それとも英単語の知識が不足しているのかでもアドバイスすべき内容は変わるでしょう。

問いが「具体的」になるほど、答えやすくなる

読書感想文を書くときに、「とても面白かった！」と感じて、「面白かった内容」を書けばいいということまではわかっているのに、なかなか文章として書くことができない、という経験がある人は多いのではないでしょうか。

これも、問いが大きいままで分解できていないために起こることです。

「この本の何が面白かったのか?」という「大きな問い」を「どういうシーンが面白かったのか?面白かったシーンを3つ挙げてください」というように「小さな問い」に分解することで、「主人公が決意を抱くシーンと、敵が自分の過去を話すシーン、そしてラストシーンの3つが面白かった」と、答えられるようになります。

そのうえで、「主人公が決意を抱くシーンの何が面白かったのですか?」と、重ねて質問をすれば、「泣き虫だった主人公が、頼りがいのある青年に成長した姿に感動して……」などと書き進めることができるでしょう。

さらに、「では、どうして成長した青年の姿にそれほど感動したのですか?自分と重なった部分があったのでしょうか?」と、さらに質問を積み重ねていけば、文章がどんどん書き進められるようになるのです。

「文章を書く技術」とは「問いをつくる技術」のこと

自分で自分に問いかける

誰でも簡単に「大きな問い」を分解して文章が書きやすくなる「小さな問い」をつくれる方法があります。

それは、**「自問自答」**です。

まさに、**自分自身にインタビューをするように質問を積み重ねる**のです。

突然ですが、みなさんは国語のテストにどんなイメージを持っているでしょうか?

第1章でも触れた通り、国語のテストでは、長文が出され、「この文章について、どういうことか答えなさい」などというような問題が多く出題されます。

記述式で答える場合もあれば、選択肢で出題される場合もあるでしょう。

よく目にするのは、「このときの主人公の気持ちを答えなさい」という問題です。

または、「筆者の考えを答えなさい」という問題もよくあります。

この本を読んでいる人の中にも、「主人公の気持ちや筆者の考えなんてわからない……」と嘆いた経験がある人は多いかもしれません。

じつは、これらの問題の中に、国語という科目の核心があります。

それは、**「国語力」とは「問う力」である**ということです。

「興味を持つ」とは「問いを持つ」ということ

学生時代、みなさんは、どのような態度で授業を受けていたでしょうか?

おそらく、ノートを取ったり、相づちを打ったりしながら先生の話を聞いていたのではないかと思います。

メモを取らず、相づちも打たずに先生の話を漠然と聞いている生徒がいたら、おそらく「この生徒は授業をまったく聞いておらず、頭の中で別のことを考えているのではないか」と疑いますよね。少なくとも、私の授業でそういった生徒がいれば注意するでしょう。

相手の話をしっかりと理解したいと考えている人であれば、「興味を持って」話を聞くはずです。

「興味を持って話を聞く」というのは、言い換えると「相手の話に対して、問いを持って聞く」ということです。

逆に、「相手の話に興味がない状態」とは「問いを持っていない状態」ということになります。

自分の中に問いがないので相手の話に興味が湧かず、どんな話をされても「ふーん」と受け流してしまいます。

「そうなんだ！」という発見は、自分の中に問いがあって初めて成立するのです。

疑問に思っていることがあるからこそ、その答えを知ったときに「なるほど！」と、深く納得できるということです。

国語の授業やテストは、この問いの技術を磨くための時間であると言えます。

なぜ、テストで「文中のこの人物の気持ちは？」と聞かれるのかと言えば、そうやって人の気持ちを考える時間を通して、文章を読んでいるときや人の話を聞いているとき、あるいは日常生活の様々な場面で、「なぜだろう？」「どうしてだろう？」と問う習慣を持ってほしいからです。

文章の一部分に線が引かれて「これについて作者はどう思っているのか？」と聞かれるのは、日頃から漫然と文章を読むのではなく、「作者はどう考えているのだろう？」と考えながら文章を読む習慣を持ってもらいたいからなのです。

第三者に共感される問いをつくる

人に話をしたり、文章を書いたりするときは、独りよがりではない、相手に共感される「新たな問い」をつくらなければなりません。

相手がまったく興味を持てないようなことを語ってしまったり、何が問いなのかわからない話を続けたりしても、相手は聞く耳を持ってはくれませんし、文章にもならないのです。

独りよがりではない、「相手に共感される問い」をつくる最大のポイントは、客観的な視点です。

そして、客観的な視点で自分の問いを眺めるために一番有効なのが、「自問自答」なのです。

自分の問いに対しても「問う」ことが、相手に共感される問いをつくる一番の近道です。

例えば、「なぜ、日本人は礼儀正しいのか？ もしかしたら、その理由は日本が島国だからなのかもしれない」という問いと答えを考えたとします。

このとき、読み手になった気分で、この一文を読み返してみましょう。

すると、「日本が島国であることと、礼儀正しいことの間に何の関係があるのか？」「そもそも、本当に日本人は礼儀正しいと言えるのか？」などと、様々な疑問が湧いてくるのではないでしょうか？

このような疑問が湧いてきたら、次は、その疑問を1つずつ文章に落とし込んでいくのです。

「なぜ、日本人は礼儀正しいのか？ もしかしたら、その理由は日本が島国だからなのかもしれない。

なぜそう考えたのかというと、礼儀正しくマナーを大事にする傾向のあるイギリスもまた、島国だからだ。ここに一定の関係性があるのではないかと私は考えた。これについて考察を深めていきたい。さて、そもそも『礼儀正しい』とはどういう状態なのか、という定義からスタートしたい。そもそも～」

この文章は、左のような図にできます。

「なぜ日本人は礼儀正しいのか？」という最初の問いから始まって、答えと「その答えを受けた新たな質問」といった具合に、問いと答えのラリーで文章が発展しています。

ラリーを続けるためには、「自分の言ったことに対して、自分で問う力」、つまり自問自答力を磨く必要があります。

図 3-1 問いと答えを繰り返す

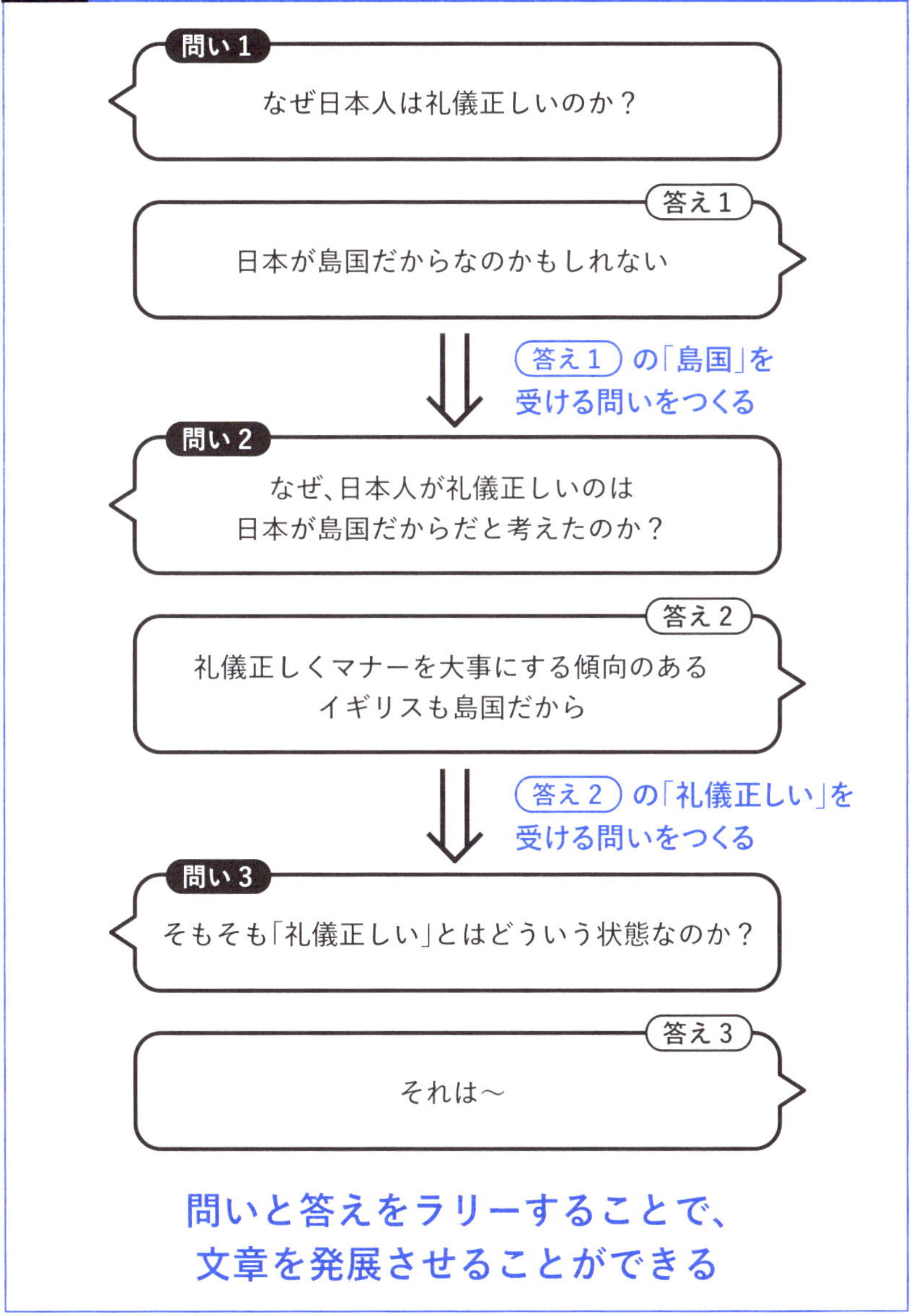

日本語は「5W1H」ではなく「2W」

「5W1H」のうち、必要なのは2つだけ

学生時代に、英語の授業で「5W1H」という言葉を習ったのをみなさんは覚えているでしょうか？

「5W1H」とは、次の英語の6つの疑問詞の頭文字です。

When（いつ）／Where（どこで）／Who（誰が）／What（何を）／Why（なぜ）／How（どのように）

英語に限らず、日本語の文章を書くときにも「5W1Hを意識しよう」と、よく言われます。

しかし、私は日本語の文章を書くときに「5W1H」は使い勝手が悪いと思っています。

仮に、「なぜ日本人は礼儀正しいのか？」という問いがあったとします。

この問いに対して、「いつ？」「どこで？」などと聞く意味はないでしょう。

あくまで、**5W1Hは英語の疑問詞なので、日本語で考えるときには相性が悪い**というのが私の考えです。

日本語で問いをつくる場合は、5W1Hのうち「What（何を）」と「Why（なぜ）」の2つがあれば十分です。

この2つだけで、日本語のほとんどの文章は完結します（例外として、やり方やノウハウを伝えるための文章の場合は「How（どのように）」も使います）。

大学の国語の入試問題でも、「What」と「Why」以外の問いはほとんどありません。

東京大学の国語の入試問題であっても、問われるのは、基本的に「What」と「Why」の2つだけです。文中に引かれた傍線箇所について「これは**どういうことか**説明しなさい」「これは**なぜか**説明しなさい」という2つのパターン以外の問題は、私が知る限りではありません。

そのため、本書も「What」と「Why」の2つの問いのパターンを扱います。

「小さな問い」は「分解」によってつくられる

「分ける」ことで「理解」できる

「大きな問い」から複数の「小さな問い」をつくるときに、もっとも重要なのは、**分解**です。

「大きな問い」を「分ける」ことによって、複数の「小さな問い」に変えられるのです。

「わかる」という言葉の語源は、「分ける」だと言われています。

そして、この言葉の通り、物事を理解するとき、私たちは、「わかる」ようになる段階まで「分解」しています。

例えば、「要義」という熟語の意味について、おそらく、多くの人が知らないと答えると思います。日常生活でなかなかお目にかからない日本語なので無理もありません。

しかし、だからといって、まるっきり「わからない」わけでもないはずです。

「要義」という言葉は、「要」と「義」に分解できます。

したがって、「要義はどういう意味か?」という1つの問いを「『要』はどういう意味か?」と「『義』はどういう意味か?」という2つの問いに分解することができるわけです。

まず、「要」はどういう意味でしょうか?

「要」は「かなめ」と読み、「大切である」という意味です。

「要」が使われている言葉を見てみると、「要所」は「大切な場所」、「要点」は「大切なポイント」という意味です。

続いて「義」はどういう意味でしょうか?

この漢字には、いろいろな意味があります。「意義・字義・語義」というように、「(おもに言葉などの)意味」という意味になります。「一義的」などとも言ったりします。

したがって、「要義」は、「大切」+「意味」で、「大切な意味」だという仮説を持つことができます。

実際、「要義」は「物事の根本になることわり」を示します。

このように、一見すると難しくてわからないような物事でも、「分ける」ことで「わかる」ようになることがよくあるのです。

「大きな問い」を「小さな問い」に分解する

「大きな問い」から「小さな問い」に分解する過程も、この漢字の分解と基本的に同じです。次の例文は、**言葉に焦点を当てる**ことで「大きな問い」を分解しています。

【例1】（大きな問い）「なぜ日本人は礼儀正しいのか？」

↓（小さな問い①）「日本以外にも、礼儀正しい国はあるのか？」

↓（小さな問い②）「『礼儀正しい』とはどういう意味か？」

【例2】（大きな問い）「なぜ一晩置いたカレーは、美味しく感じるのか？」

↓（小さな問い①）「『一晩置く』とあるが、一晩でよいのか？ また、夜であることに意味があるのか？」

↓（小さな問い②）「カレー以外にも、一晩置くと美味しく感じる料理はあるのか？」

↓（小さな問い③）「『美味しく感じる』とあるが、客観的なデータは存在するのか？ また、具体的にどんな味覚の変化を指しているのか？ 味が濃くなったのか、それともコクが出たのか？」

その他に、**問いを2つ以上の切り口で考える**こともできます。次のように、見る立場や観点、分野を変えることで、1つの「大きな問い」を複数の「小さな問い」に分解できるのです。

【例1】（大きな問い）「理想の教育とは何か?」

↓（小さな問い①）「**学力が高くなるという意味**で、理想的だと言える教育は何か?」

↓（小さな問い②）「**良い人格が形成されるという意味**で、理想的だと言える教育は何か?」

↓（小さな問い③）「**国の発展という観点**、つまり、**経済を回してくれるような理想的な国民が生まれるという意味**で、理想的だと言える教育は何か?」

【例2】（大きな問い）「2035年、世の中はどうなっているのか?」

↓（小さな問い①）「2035年、**日本はどのようによくなっている**と考えられるか?」

↓（小さな問い②）「2035年、**日本はどんな問題に直面している**と考えられるか?」

↓（小さな問い③）「2035年、**世界全体はどのようによくなっている**と考えられるか?」

↓（小さな問い④）「2035年、**世界全体はどんな問題に直面している**と考えられるか?」

目次の多くが「小さな問い」でできている

ちなみに、4つの例を見て、みなさんは何かに気付かないでしょうか？

じつは、「大きな問い」に対する「小さな問い」の内容は、本の場合、「目次」として機能している場合が多いのです。

例えば、裁判における刑の決まり方について解説した『刑の重さは何で決まるのか』（高橋則夫著、筑摩書房）という本があります。

この本の目次は、次のページの通りです。

様々な観点から、刑罰の考え方を語っているのがおわかりいただけると思います。

「刑の重さは何で決まるのか」という「大きな問い」に対して、刑法学全体、犯罪論・処遇論・量刑論、そして刑法学の中でも新しい考え方という5つの観点（小さな問い）に分解されています。そして、5つの観点が、そのまま章立てになっています。

今後、本を読むときは、問いの分解という観点で目次をぜひ確認してみてください。

第1章　刑法学の世界（なぜルールが存在するのか／刑罰は何を目的としているのか／量刑に至る「長く曲がりくねった道」）

第2章　犯罪論の世界（犯罪とはどのような行為なのか／犯罪の成立はどのように判断するのか／犯罪の要件を吟味する／「わざと」と「うっかり」／犯罪が未完成のとき／犯罪に複数の者が関与するとき／犯罪が犯罪ではなくなるとき／犯罪の数の数え方）

第3章　処遇論の世界（刑法が前提にしている人間像／犯罪者の処遇を考える）

第4章　量刑論の世界（刑をどの程度に科すのかという問題／量刑は具体的にどのように判断するのか）

第5章　刑法学の新しい世界（「犯罪と刑罰」の新しい考え方／「責任」の新しい考え方／刑法学も変わっていく）

『刑の重さは何で決まるのか』（高橋則夫著、筑摩書房）目次より

4つのパターンで「大きな問い」を分解する

言葉や分野・見方で「大きな問い」を分解する

前項で、「言葉や分野・見方を変えることで、1つの問いを分解できる」という話をしました。「What」と「Why」という問いは、「言葉や分野・見方」を変えることで、左の図の通り、全部で4つの問いのパターンをつくることができます。

この4つのパターンを理解すると、「小さな問い」を量産できるようになります。

次項から、4つの問いのパターンについて1つずつ詳しくお話しします。

図 3-2　4つの問い

Whatの質問　「それは何？」と問う

①【具体化】「具体的には？」と問う

例：「その言葉の定義は？」

「例えばどんなものがある？」

「もう少し詳しく説明すると？」

②【抽象化】「抽象的には？」と問う

例：「他にも当てはまるものってあるの？」

「他にも応用可能なものってあるの？」

「その話から、どういうことが言えるんだろう？」

Whyの質問　「それは、なぜ？」と問う

③【原因・根拠・動機】
「そう思ったのは（そうしようと思ったのは）、なぜ？（何が原因？）」と問う

例：「なぜそういうことが起こったのか？」

「どうしてその結果が発生したのか？」

「なぜその仮説を持ったのか？」

「なぜそれが正しいと言えるのか？」

「どうしてそうしようと思ったのか？」

「そうしようと思ったのはなぜなのか？」

④【比較】「他と比較して、なぜ？」と問う

例：「他と比べて、これが○○なのはなぜ？」

「言い換え」をする

「一体何か？」と問うことで、「言い換え」をする

まずは、「What」を使った問いのつくり方を解説します。「What」とは「何？」と聞く疑問詞です。要は、**「一体何か？」と問うことで、「言い換え」をする**のです。次の文章を見てください。

人に信頼されるためにはどうすればいいか？ その答えは、「相手の立場に立って考える」だ。相手の立場に立つとは、相手がどう考えるのかを想像しながら会話し、行動することだ。例えば、相手に何か言葉をかけるとき、「こう言われたら相手はどう思うだろう？」と考えるのだ。

この文章は、次のように「Ｗｈａｔ」という質問に対して答えることが繰り返されています。

（質問）人に信頼されるためには**どうすればいいか？**
（答え）相手の立場に立って考えればいい

↓

（質問）「相手の立場に立って考える」とは**どういうことか？**
（答え）相手だったらどう考えるのかを想像しながら会話し、行動すること

↓

（質問）相手がどう考えるかを想像しながら会話し、行動するとは**具体的にどういうことか？**
（答え）例えば、相手に何か言葉をかけるとき、「こう言われたら相手はどう思うだろう？」と考えること

このように、「どういうことか？」という問いを繰り返すことで「言い換え」を行い、文章を書き進めることができます。「Ｗｈａｔ」は、もっともつくりやすく、かつ文章を書き進めやすい問いと言えるでしょう。

「言葉の定義」をする

物事の定義を問う

「言い換え」の1つに「定義する」という形式があります。

定義するというのは、**「そもそもの言葉の範囲を決める」**ということです。

仮に、「私は和食が好きだ！」というメッセージを伝える文章を書くとします。

「大きな問い」は、「どうして和食が好きなのか？」になります。

次に、「和食」という言葉の定義をします。

ひと言で和食といっても、いろいろな料理があります。

寿司や天ぷらを思い浮かべる人は多いでしょうが、では、ラーメンは和食に含まれるでしょうか。

他にも、洋風レストランのカレーは、本場インドのカレーから日本独自の発展を遂げた料理ですが、和食と言えるでしょうか。

有名な小説『キッチン』（吉本ばなな著、福武書店）では、冒頭、「私がこの世でいちばん好きな場所は台所だと思う。」という一文から始まっています。

そして、主人公が好きな台所の具体的な説明が書かれています。このように、好きな物を述べたうえで、その定義をしっかりと語る本は数多くあります。

本によっては、それが本の1章分に相当することもあります。

例えば、哲学の入門書だと、「哲学」という言葉の定義について1章分を費やしている本も1冊や2冊ではありません。

「これはどういうことか？」というのは、物事の定義を問う質問でもあるのです。

「具体化」と「抽象化」を行う

「具体化」「抽象化」とは何か？

「What」という質問には、「言い換え」「定義」の他に2つの役割があります。

それは、**「具体化」と「抽象化」**です。

具体化とは、言葉にいろいろな説明を加え、わかりやすくすることです。

「例えば」という言葉を使って説明を加えることは、具体的な例を出して相手にわかりやすく説明しようとすることです。

したがって、これは「具体化」になります。

「甘いものが好き！」と言ったときに、世の中には果物からジュース、ケーキやアイスクリームなどのスイーツまで、「甘いもの」がたくさんあります。

その中から、「どんな甘いものが好きなの？」と聞くのが、「具体化」です。

《「具体化」の質問例》
「その言葉の定義は？」
「例えば、どんなものがある？」
「もう少し詳しく説明すると？」

このような質問は、すべて具体化の例になるでしょう。

それに対して、抽象化は具体化の逆です。

抽象化とは、具体的なものの共通点を見つけ、より広く応用させることです。

例えば、「ケーキやアイスクリームが好きです」という友人に対して、「**ということは、**あなたは甘い物が好きなんですね」と返すのは、「ケーキ」「アイスクリーム」という具体的な食べ物を聞き、それらの共通点である「甘い物」という要素を抜き出し、広く応用可能な「甘い物が好き」という情報に変換したということです。これが、「抽象化」です。

また、具体的な話から、「**ということは、**こういうことが言えるのではないか？」と、思考を発展させるのも抽象化です。

例えば、話し相手が「大学に通っていたときに、ＩＴ技術について研究をしていました」と言ったとしたら、「相手はＩＴ技術の分野に詳しい」と、解釈することができます。

このように、共通点を見つけてひとくくりにしたうえで、よりわかりやすい言葉に変換するのが、「抽象化」です。

《「抽象化」の質問例》

「他に当てはまるものは？」

「他にも応用可能なものは？」

「その話から、どういうことが言えるだろうか？」

このような質問は、すべて抽象化の例になるでしょう。

まとめると、「どういうことか？」という問いは、物事を具体的にしたり、抽象的にしたりすることです。

そして、具体的になったり抽象的になったりする過程で、物事はより〝わかりやすく〟なるということなのです。

「具体化」と「抽象化」の視点で問いを分解する

「具体化」と「抽象化」を駆使すると、問いがとても分解しやすくなります。

例えば、「なぜ、猫は気まぐれなのか?」という問いがあったとします。

「『気まぐれ』だと感じるのは猫のどういうところだろう?」「猫のどういう仕草を見て、『気まぐれ』だと感じるのだろう?」と考えて、「なぜ、犬と違って猫は呼んでも近寄ってきてくれないのだろう?」と具体的に考えることができます。

また、「自分が通う学校の音楽室の壁にどうして穴が開いているのだろう?」という問いがあったときに、「自分の学校の音楽室だけではなく、他のいろいろな学校の音楽室でも同じように穴が開いている。そもそも、学校の音楽室だけでなく、音楽スタジオでも同じだ」と考え、「なぜ、音楽を演奏する部屋の壁は穴が開いているのだろう?」と抽象化することができます。

このように、問いに対して具体化と抽象化を繰り返すことで、問いそのものを進化させることができるのです。

図 3-3 具体化と抽象化

「具体化」の質問

具体化＝言葉にいろいろな説明を加え、
わかりやすくすること

質問例①
「その言葉の定義は？」
質問例②
「例えば、どんなものがある？」
質問例③
「もう少し詳しく説明すると？」

「抽象化」の質問

抽象化＝具体的なものの共通点を見つけ、
より広く応用させること

質問例①
「他に当てはまるものは？」
質問例②
「他にも応用可能なものは？」
質問例③
「その話から、どういうことが
言えるだろうか？」

**「具体化」「抽象化」を活用すると、
問いが分解しやすくなる！**

「Why」の問い①

「原因」「根拠」「動機」を探る

「なぜ?」で問いと答えを繰り返す

「What」の次は、「Why」によって「小さな問い」をつくる方法について説明します。

まず、「Why」は、「なぜ?」という意味です。

「なぜ?」という質問は、目の前にある「結果」に対して、「原因」を聞くときに用います。

例えば、友達が頭に包帯を巻いていたら、「なぜ?」「どうしたの?」と問いますよね。

この質問は、「頭に包帯を巻いている」という結果が、どんな原因によって発生したのかを問うためです。

次の文章を見てください。

第1章 「うまい文章」が書けるようになる3つのステップ
第2章 文章を書く前に、まずは問いをつくる
第3章 文章が書きやすい問いのつくり方
第4章 自分で立てた問いに答えを出す
第5章 ワンランク上の文章を書くためのコツ

なぜ、我がチームに不和があるのか？　多くのチームメンバーに原因を聞いた結果、チーム内でのコミュニケーションが不足しているからだと結論付けた。何人かと話してわかったのだが、我がチームはメンバー間の会話の頻度が少なく、そのことが原因で相手のことがよくわからないという人が多いのだ。では、なぜコミュニケーション不足が生じてしまっているのか？　原因は、チーム内で定期的にミーティングをする機会がないことではないかと思っている。

この文章も、次のように問いと答えを繰り返すことでつくられています。

（問い１）なぜ、我がチームに不和があるのか？
（答え１）チーム内でのコミュニケーションが不足しているから
（問い２）なぜ、そう思うか？
（答え２）何人かと話して、我がチームはメンバー間の会話の頻度が少なく、そのことが原因で相手のことがよくわからないという人が多いことがわかったから
（問い３）なぜ、チーム内でのコミュニケーションが不足しているのか？
（答え３）チーム内で定期的にミーティングをする機会がないから

「なぜ、我がチームに不和があるのか？」という大本の質問に対して、その答えを出すために、様々な「なぜ？」をつくり、「それに対して答えていく」ことで文章が出来上がっています。

このように、**1つの「なぜ？」から複数の「なぜ？」に分解するイメージを持つと、文章が書きやすくなります。**

「なぜ？」には3種類ある

「なぜ？」には、「原因」以外にも役割があります。

それは、**「根拠」を聞く「なぜ？」**です。

さきほどの文章の中には、次の2つの問いがありました。

「なぜ、そう思うか？」

「なぜ、チーム内でのコミュニケーションが不足しているのか？」

1つ目の質問は「なぜ、その仮説を持ったのか？」という「根拠」を聞いています。そのように考えた理由や、その考えを補強するような証拠を聞く質問です。

対して、2つ目は「なぜそういうことが起こっているのか？」という「原因」を聞く「なぜ？」で

図3-4 3つの「なぜ？」

①原因	**「なぜ、そのようなことが起きたの？」** 目の前にある「結果」に対して、「原因」を聞く
②根拠	**「なぜ、そのように考えたの？」** そのように考えた理由や、その考えを補強するような証拠を聞く
③動機	**「なぜ、そうしようと思ったの？」** 相手の言動に対してそうしようと思った感情を聞く

す。

直接的にその物事が発生する要因や、その物事が発生している背景などを聞く質問です。

その他に、さきほどの文章の中に出てきませんでしたが、**「動機」を問う「なぜ？」**もあります。

これは、「どうしてそうしようと思ったのか？」という相手の感情を聞く質問です。

「比較」する

比べることで「なぜ？」をつくる

原因、根拠、動機以外に、もう1つ、「なぜ？」の種類があります。

それは、**「比較」**です。

何かと比べることで、「なぜ？」をつくります。

例えば、前に、「なぜ日本人は礼儀正しいのか？」という問いに答えるために、日本人以外と比較して「日本以外にも、礼儀正しい国はあるのか？」という質問をつくりました。これが、比較の「なぜ？」です。

他に、「なぜ一晩置いたカレーは、美味しく感じるのか？」という問いに対して、「カレー以外にも、一晩置くと美味しく感じる料理はあるのか？」という質問も同様に比較です。これも、カレーを理解するためにそれ以外の料理を例に出したわけです。そして、仮にカレーだけで起こる現象であることがわかったら、「なぜ、カレーだけでこのような現象が起こるのか？」という新しい問いをつくることができます。

比較することで判断ができるようになる

このように、何かを理解するときには他と比べてみることが重要です。

日本という国をより理解しようとするときに、他の国と比較することで共通点や相違点が見つかり、日本の特徴がより深く理解できるようになるわけです。

数字やデータに関しても、同じことが言えます。

例えば、「身長170センチの成人男性」は、「身長が高い」と言えるでしょうか？

これだけでは「高い」とも「低い」とも言い難いでしょう。

日本人の成人男性の平均身長が172センチ程度であることを踏まえれば、「高い」とは言えなそうです。

もし、「身長170センチの日本人の女子中学生」であれば、日本人の女子中学生の平均身長と比べて「高い」と言うことができます。

このように、数値が高いのか低いのか、大きいのか小さいのかは、何かと比較することで初めて明らかになるのです。

「インドの人口は14億5100万人」とだけ言われても疑問は持てませんが、「インドの人口は、中国の14億1932万人を超えて、世界で一番多い」と言われれば、「なぜ、インドは中国を超えて人口が世界一多い国になったのか？　その要因は？　背景は？」と考えを進めることができるようになります。

このとき、「分野を変える」ことも有効な方法です。

例えば、前述の「刑の重さは何によって決まるのか？」という問いでは、「刑法学だとどういう答えになるのか？」「犯罪学だとどういう答えになるのか？」と、刑法学、犯罪学など複数の分野から「小さな問い」をつくりました。

こうすることで、「なぜ、刑法学と犯罪学では異なる解釈になるのか？」というような、比較したうえでの物事の〝違い〟を問う「なぜ？」を考えることができるわけです。

第4章

自分で立てた問いに答えを出す

「小さな問い」を繰り返す

ここまでのおさらい

ここまでの内容を踏まえて、実際に文章を書いてみましょう。

お題：和食の素晴らしさについて書いてください。

まずは「大きな問い」をつくります。

ちなみに、先ほどの「Ｗｈａｔ」と「Ｗｈｙ」の問いは、「大きな問い」をつくるときにも応用できます。「和食の素晴らしさとは何か?」というＷｈａｔの問いでも、「なぜ、和食は素晴らしいと言えるのか?」というWhyの問いでもよいでしょう。

最初に「和食の素晴らしさとは何か?」という「What」の問いから見てみましょう。

前述の「具体化」の3つの質問例を参考に問いをつくってみます。

具体化の質問:「具体的には?」
質問例①「その言葉の定義は?」
質問例②「例えば、どんなものがある?」
質問例③「もう少し詳しく説明すると?」

まず、質問例①から「和食という言葉の定義は?」という問いが考えられます。


(問い) 和食の定義は?

(答え) 日本の風土に合わせてつくられた日本料理全般のこと

質問例②を使って、「例えば、和食にはどんな魅力がある?」という問いもつくれます。

答えは、1つの質問に対して必ずしも1つでなくても問題ありません。

「例えば、和食にはどんな魅力がある?」という問いは、複数の答えが考えられそうです。
今回は、3つの答えを用意してみました。

(問い1)例えば、和食にはどんな魅力がある?
(答え1)味に深みがあって美味しい
(答え2)動物性脂肪が少なく、塩分やカロリーが抑え目
(答え3)四季折々の変化が楽しめる

次は「Why」の問いについて見てみましょう。

原因・根拠・動機を聞く質問:「そう思ったのは(そうしようと思ったのは)、なぜ?(何が原因?)」

質問例①「なぜ、そういうことが起こったのか?」
質問例②「なぜ、その結果が発生したのか?」
質問例③「なぜ、その仮説を持ったのか?」
質問例④「なぜ、それが正しいと言えるのか?」

質問例⑤「なぜ、そうしようと思ったのか?」

和食の味に着目して、質問例②「なぜ、その結果が発生したのか?」から「なぜ、和食が美味しく感じられるのか?」という問いをつくります。

そして、答えは「味に深みがあるから」です。

その答えに対して、今度は質問例④「なぜ、それが正しいと言えるのか?」を参考にして質問を考えます。

例えば、「味に深みがあって美味しい、と言えるのはなぜか?」などが挙げられるでしょう。

話が少し脱線しますが、このように自分の書いた答えに対しても、「本当に正しいのか?」と、自問自答することが重要です。この点については改めて詳しく解説します。

(問い1)なぜ、和食が美味しく感じられるのか?
(答え1)味に深みがあるから
(問い2)和食が味に深みがあって美味しいと言えるのはなぜか?
(答え2)和食には、他の国の食にない特殊な成分である、うま味成分が多く含まれているから

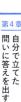

最後は、比較です。

比較の質問：「他と比較して、なぜ？（何が原因？）」

質問例：「他と比べて、これが○○なのはなぜ？」

「和食」をテーマにしているので、「他の国の食」と和食を比べることになります。

「うま味成分が含まれている食は和食以外にないのか？ なぜ、和食にはうま味成分があるのか？」と考えることができます。

（問い）なぜ、和食にはうま味成分があるのか？

（答え）うま味は、昆布などのだしから出ている場合が多く、和食はだしをベースにしたものが多いため。他の国ではあまりだしをベースにした食が少ないから

問いと答えが明確になったら、あとは簡単です。

ここまでの問いと答えをまとめるだけで文章になります。

ここでは、答えを先に述べる講義型ではなく、レポート型で書いてみましょう。

和食の魅力とは何だろうか？　ここではその答えについてみなさんにお話ししたい。まず、和食とは何か？　その定義は、日本の風土に合わせてつくられた日本料理全般のことだ。そしてこの和食には、様々な魅力がある。1つ目は、味に深みがあって美味しいということだ。これは、「うま味」によって生み出されているといわれている。うま味は昆布などのだしから出ている。和食はだしをベースにつくられているので、うま味成分が多く含まれているのだといわれている。次に、動物性脂肪が少なく、塩分やカロリーが抑え目であることが挙げられる。ということは、和食はダイエットに最適で、健康が保てるのだ。最後に、和食は四季折々の変化が楽しめる。春夏秋冬、季節に合わせた料理があり、どれも美味しく楽しむことができる。この3つが、和食の魅力と言えるだろう。

これで、和食の魅力を伝える文章ができました。

「和食の魅力とは何か？」という「大きな問い」を立て、次に「大きな問い」を分解して「小さな問い」をつくり、答えを書き連ねただけで文章が書けてしまうのです。

このように、文章が長くても短くても、ラフでも硬くても、等しくこのステップを踏めば誰でも必ず文章を書くことができるようになります。

問いの答えをつくるには？

答えはあくまで自分で出さないといけない

前項で、みなさんに意図して伝えていないことが1つだけあります。

それは、「問いの答え方」です。

前述の和食の文章では、私が答えを考えました。

「大きな問い」から「小さな問い」をつくること自体は、「問いの4つの型」を駆使すれば簡単です。

しかし、その問いに答えを出すとなると、一気に難易度が上がってしまいます。

和食の具体的な魅力を3つ考えるのはなかなか骨が折れる作業です。

ただ、苦労するのは当然と言えば当然です。

問いに対する答えを考える過程こそが、まさに文章を書くということだからです。

国語のテストを思い出してください。

「これはなぜですか、説明しなさい」

「これはどうしてですか？」

文章に対して、このように問われるのが国語のテストです。

現在の状況を国語のテストに置き換えると、私たちは、「これはなぜですか、説明しなさい」「これはどうしてですか？」などの問いを考えるところまでできた段階ということです。

みなさんの目の前には、真っ白な紙が配られているのではなく、問いとその解答欄が用意されている状態だと言えます。

ここから先は、この解答欄に答えを書く必要があるのです。

あなたが書く文章を読む人は、この答えの部分を知りたいから読んでくれるのです。

答えを考えるのはとても難しい。でも、その答えこそが、文章の面白さを生み出しています。

そのうえで、具体的な答えがどうしても思い浮かばない場合は、どうすればいいのでしょうか？

現在、グーグルで検索したり、ＣｈａｔＧＰＴを使ったりすれば、問いに対する何かしらの答えが簡単に出る時代になってはいます。

しかし、それらのツールをただ使っただけでは、自分の考えを述べることにはなりません。

もしかしたら、それらのツールから導き出された答えが間違っているかもしれません。

結局、いつの時代も答えは自分で出せるようにならなければならないのです。

どうしても答えが出ないときは……

だからと言って、「自分で頑張って考えてください！」と突き放すようなことを言うのは無責任なので、ここまでの応用を兼ねて、みなさんにテクニックを1つご紹介したいと思います。

それは、**「答えが出ない問い」は「違う問い」に分解してみる**ということです。

次の問いに対する答えを考えてみましょう。


（問い）なぜ、和食にはうま味成分があるのか？


さきほどは「大きな問い」に対して、4つの問いの型を活用して「小さな問い」をつくりました。

同じように、「なぜ、和食にはうま味成分があるのか？」という問いも、「小さな問い」に分解してみましょう。

そもそも、「うま味成分」とは何かと考えてみると、「なぜ、和食にはうま味成分があるのか？」という問いの中には、「うま味成分とは何か？」という「小さな問い」が含まれていることがわかります。

そこで、「うま味成分は、『グルタミン酸』『イノシン酸』『グアニル酸』などが代表的」という答えを出すことができます。

次に、「グルタミン酸とは何か？　どういう料理に含まれるのか？」という問いについて調べてみると、「グルタミン酸は、昆布だしの主成分」という答えが出ました。

ここまでで、「なぜ、和食にはうま味成分があるのか？」という問いに対して「昆布だしの中に含まれているグルタミン酸が『うま味成分』だから」という答えを考えることができたわけです。

このように、1つの問いに行き詰まった場合は、違う別の問いに分解して考えてみると突破口が開けることがあります。

大事なのは、どんなときも問いを繰り返すことです。

そうすれば、新しい問いの答えと関連した答えが必ず見えてきます。

学校の国語の授業で行われていることも、基本的にはこれと同じです。

「なぜ、この場面でAさんは悲しい気持ちになったのか？」という問題があったとして、その答えを出すために、「では、この場面の前でAさんの身にどんなことが起こったのか？」「Aさんはどんな人か？」などと考えてみます。

答えを出すために、問いを分解して新しい問いを考え、答えを出す。国語の授業で行われていることは、じつはこのような「問いを繰り返して答えを出す訓練」なのです。

図 4-1 違う問いに分解

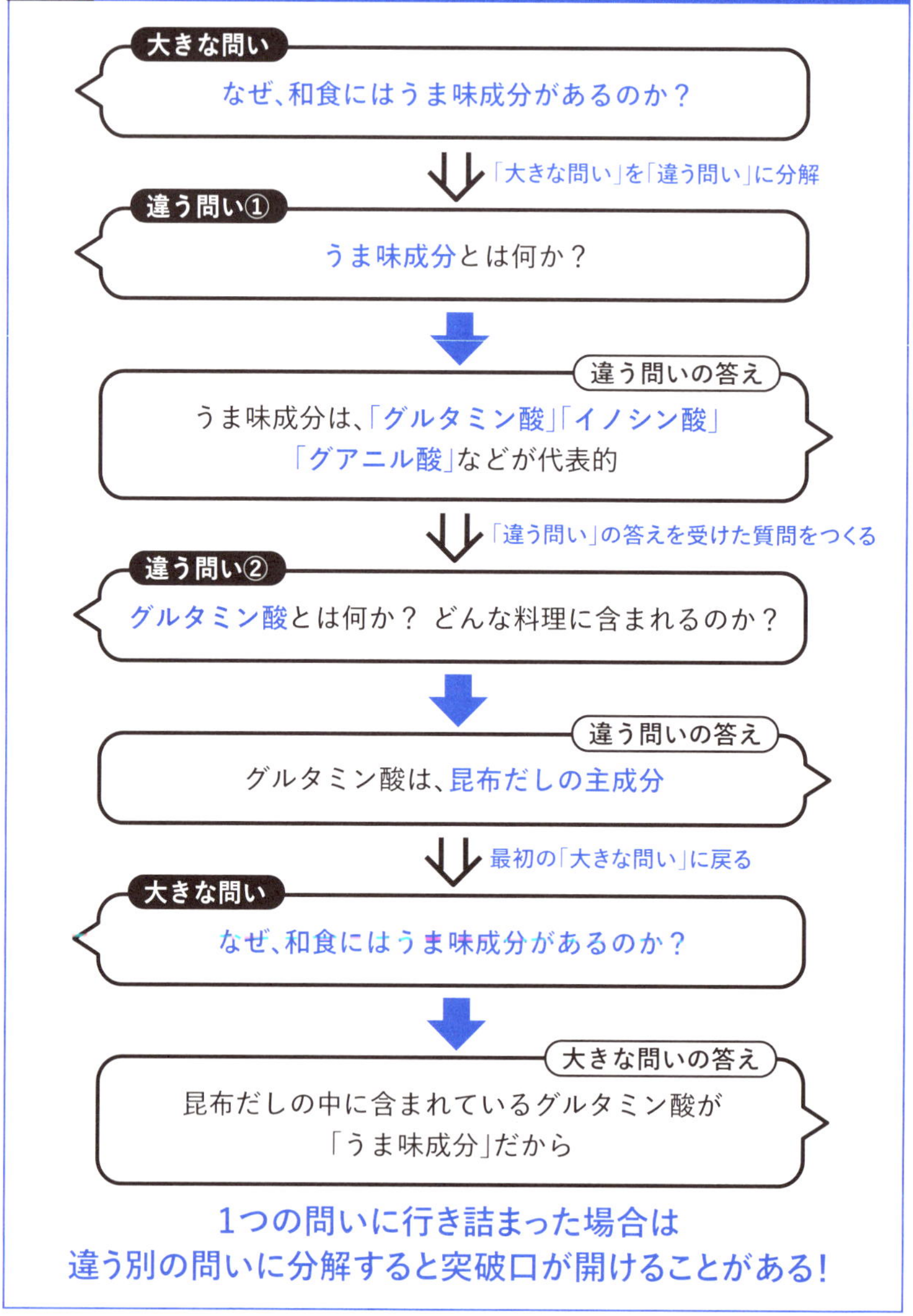
大きな問い
なぜ、和食にはうま味成分があるのか？
「大きな問い」を「違う問い」に分解
違う問い①
うま味成分とは何か？
違う問いの答え
うま味成分は、「グルタミン酸」「イノシン酸」「グアニル酸」などが代表的
「違う問い」の答えを受けた質問をつくる
違う問い②
グルタミン酸とは何か？ どんな料理に含まれるのか？
違う問いの答え
グルタミン酸は、昆布だしの主成分
最初の「大きな問い」に戻る
大きな問い
なぜ、和食にはうま味成分があるのか？
大きな問いの答え
昆布だしの中に含まれているグルタミン酸が「うま味成分」だから
1つの問いに行き詰まった場合は
違う別の問いに分解すると突破口が開けることがある！

「イージーアンサー」ではいけない

きちんと考えて答えを出せているか？

答えを出すときに、注意すべきことが1つあります。

それは、**すぐに思いつくような答えに安易に飛びつかない**ことです。

「イージーアンサー」という言葉があります。

質問に対して、簡単な答えを考えてしまうことを指します。

例えば、生徒との面談の中で、私が「なんで、この前のテストの成績が悪かったと思う？」と聞くことがあります。

そのときに、あまり深く考えず、「勉強をしていなかったから」「自分は頭が悪いから」などと答え

第1章 「うまい文章」が書けるようになる3つのステップ
第2章 文章を書く前に、まずは問いをつくる
第3章 文章が書きやすい問いのつくり方
第4章 自分で立てた問いに答えを出す
第5章 ワンランク上の文章を書くためのコツ

てしまう生徒がいます。

そこで私は、「いや、もっと深く考えなさい！」とツッコミを入れます。

そして、「モチベーションが湧かなかった、苦手な内容が出題された、ケアレスミスが多かったなど、もっといろいろな理由が考えられるはずだよ」と、生徒に伝えるのです。

このように誰でも思い付くようなツッコミどころのある答えが、「イージーアンサー」です。

「イージーアンサー」では、次の問いに発展させることができません。

《イージーアンサーの例》
（問い）和食が美味しく感じられるのはなぜか？
（答え）美味しいから

（問い）なぜ和食にうま味成分があるのか？

（答え）うま味が含まれているから

このような答えをいくら考えても、新しい問いは生まれません。

とはいえ、答えを出すことに慣れない間は、どうしても「イージーアンサー」になりがちです。

次の問いと答えを見てください。


（問い）味に深みがあって美味しいと言えるのはなぜか？

（答え）和食にうま味が多く含まれているから

この答えは、けっして間違っているわけではありません。

ただ、問いがまだ繰り返せる状態なのです。

「和食にはうま味が多く含まれているから、とあるけれど、そもそもうま味とはどういう成分なのか？　和食以外にはそれが含まれているものはないのか？　うま味があると美味しくなるというのは何かデータがあるのか？」などと、まだ問いを考えることができる状態です。

「まだツッコミどころがあるのではないか？」と考える

さきほど、私は「ツッコミどころのある回答＝イージーアンサー」とお話ししましたが、この「ツッコミ」は、問いと言い換えてもいいでしょう。

「違う問いをまだ考えられる答え」がイージーアンサーであり、**「まだツッコミどころがあるのではないか？」と考えることが、文章を書くうえでの1つの重要なコツ**になるのです。

以前、2ちゃんねる（現5ちゃんねる）の創設者である西村博之（ひろゆき）氏の「それってあなたの感想ですよね。なんかそういうデータあるんですか？」というセリフが若者の間で流行しました。

笑い話として広まっているコメントですが、じつは、文章を書くうえで重要な観点なのです。

「それは本当に正しいと言えるのか？」

「正しいと言える根拠は何なのか？」

このように考えることが、文章をブラッシュアップすることにつながります。

自分の書いたことに対しても、「なんかそういうデータとかあるんですか？」と自問自答してみる。

多少意地悪な人がその文章を読んだときにも打ち返せるようなことを考えてみる。

それが、データなのか、具体的な実験なのかはわかりません。

しかし、自分の文章に対して問いを持ち続けること自体がとても重要なことなのです。

第5章

ワンランク上の文章を書くためのコツ

文章のつくり方

文章には組み立て方のルールがある

ここまでで、3つのステップについてはすべてお話ししました。

3つのステップを身につけるだけでも、これまでとは見違えた文章が書けるようになっているはずです。

そのうえで、本章では、「ワンランク上の文章を書くためのコツ」を紹介したいと思います。

文章はよく、「建物」に例えられます。

例えば、建物を建てようと思ったら、木材をたくさん用意して、その木材を積み重ねて建物にしていくことでしょう。それも、きれいに整頓して、「ここは柱にしよう」「ここは壁にしよう」と考えて建築していくはずです。

このときに、木材を無作為に積み重ねても、いい建物はできません。

ここでいう「木材」とは、1つ1つの「文」のことです。

もっと言えば、「1つの問いとその答え」です。

その文を積み重ねて、1つの建築物としての「文章」をつくると、作文になるわけです。

そして、この「文章の組み立て方のルール」が「文章術」です。

文章を書く際に、どんなルールで、どんな順番でつくればいいのかについて考える必要があります。

また、順番だけでなく、木材と木材とをつなぐ接着剤も必要です。

文と文の間には、「接続詞」という名前の接着剤を使います。「だから」や「そして」などを入れることによって、文章のつながりが明確になるのです。

ということで、ここまでで「木材」を用意することはできました。

建物の基盤となる部分はもうこれで完成です。

あとは、この木材を使って、建物を建てていくだけです。

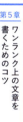

文章の主題を意識する

「主題を意識する」とは何か

「主題を意識しながら読むことが大切」

国語の読解において、このようによく言われます。

本書を読んでいるみなさんの中にも、学生時代に国語の授業で「主題を意識して」と、先生に習った人は多いと思います。

作文の場合は、主題を意識しながら文章を書く、ということになります。

もちろん、異論はありませんが、ただ、実際に主題を意識しながら文章を書くとはどういうことかを説明できる人となると、少ないのではないでしょうか。

「主題を意識する」ことが大切だと言っても、具体的にどうすればよいのかがわからなければ、意味がありません。

じつは、本書で繰り返しお話ししてきた3つのステップが、まさに「主題を意識して文章を書く」ということなのです。

次の2つの文章を見てください。

1　今日は珍しく散歩に出てみたら、鳥の糞がかかって、寝ている犬の尾を踏んで追いかけられて、しょんぼりしていたら警察に職務質問までされてしまった。なんて運の悪い日なのだ。

2　今日はとても不幸な1日だった。珍しく散歩に出てみたら、鳥の糞がかかって、寝ている犬の尾を踏んで追いかけられて、しょんぼりしていたら警察に職務質問までされてしまった。なんて運の悪い日なのだ。

どちらの文章が読みやすいでしょうか?

おそらく2と答える人がほとんどでしょう。

1と2の内容はほとんど同じです。違いは、後者の文章の冒頭に「今日はとても不幸な1日だった」

という一文が付け加えられているという点だけです。

ただ、冒頭の一文により、「知らない人の知らない1日の日記」から「知らない人のある不幸な1日の日記」へと変化しているのです。

この「知らない人のある不幸な1日の日記」が、この文章の主題です。

最初に主題を提示しているため、読み手側が文章を読みやすくなったのです。

ただ、「このように、主題を意識することはとても大切なので、みなさんも、このような文章を書くようにしましょう」とだけ言われても、実践するのは難しいでしょう。

しかし、ここまでお話ししてきた問いと答えを意識すれば、誰でもこのような文章を書くことができます。

まず、この文章の「大きな問い」は何でしょうか?

これは日記なので、「今日はどんな1日だったのか?」が「大きな問い」になります。

では、その「大きな問い」に対する答えは何か?

それは、「今日はとても不幸な1日だった」です。つまり、冒頭の「今日はとても不幸な1日だった」という一文は、大きな問いに対する答えということなのです。したがって、冒頭に一文を付け加えることで、結論から文章を始め、その後に理由を述べる「講義型」の文章になったということになります。

図 5-1 文章の主題を意識する

今日は珍しく散歩に出てみたら、鳥の糞がかかって、寝ている犬の尾を踏んで追いかけられて、しょんぼりしていたら警察に職務質問までされてしまった。なんて運の悪い日なのだ。

↓

主題がわからず、何が言いたいのか読み取りにくい

↓

文章を問いと答えで整理する

↓

大きな問い　今日はどんな１日だったのか？
答え　今日はとても不幸な１日だった

↓

答えの「今日はとても不幸な1日だった」を文章の冒頭に入れることで、主題が明確になる

↓

今日はとても不幸な１日だった。珍しく散歩に出てみたら、鳥の糞がかかって、寝ている犬の尾を踏んで追いかけられて、しょんぼりしていたら警察に職務質問までされてしまった。なんて運の悪い日なのだ。

論理的なつながりを意識する

前後の文はつながっているか？

「読みやすい文章」とは、どんな文章なのか？

いろいろな答えが想定されますが、その中でも、「論理的なつながりが明確な文章」というのが私の考えです。

次の文章を見てください。

なぜ、彼は気分を害してしまったのか？　その答えは、A君から「君はナイーブだよね」と言われたからだ。

一見、特に問題はないように思えますが、よく読んでみると違和感があります。

この文の問題点は、問いと答えの「つながり」がわかりにくいことです。

この文章を読んだだけでは、「『君はナイーブだよね』と言われたからといって、彼はなぜ気分を害してしまったのか？」という「新しい問い」が生まれてしまいます。

「AだからBだ」と言ったときに、AとBのつながりがよく理解できる場合は、読みやすくて理解しやすい、「いい文章」になります。

反対に、AとBのつながりが明確ではない文章は、「悪い文章」になってしまうのです。

このときのポイントは、**「新しい問いが生まれるかどうか」**です。

次の文を見てください。

彼は足が速いから、次のかけっこで1位になれるだろう。

特に違和感はありませんよね。

「彼は足が速い」と、「次のかけっこで1位になれるだろう」という2つの要素の「つながり」が見えやすいからです。

この文に「新しい問い」が生まれることはないでしょう。

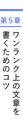

では、次の文はどうでしょうか?

彼は次のかけっこで1位になれるだろう。なぜなら、彼は足が速いからだ。

相手が理解しやすい、論理的な内容ですね。
では、次の文を見てください。

彼は足が速いから、次のかけっこで2位になれるだろう。

この文の場合、読み手に「どうして、彼は1位ではなくて2位なのだろう?」という「新しい問い」が生まれてしまいます。
したがって、論理的につながった文章にするためには、次のように2位である理由を補う必要があります。

彼は足が速い。しかし、A君のほうがもっと速い。だから、次のかけっこで、彼はA君に次いで2位になれるだろう。

これと同じ要領で、冒頭の文章を改善してみます。

ポイントは、「なんで、『君はナイーブだよね』と言われたからといって、気分を害してしまったのか？」という「新しい問い」に対する答えを文章に入れ込むことです。

なぜ、彼は気分を害してしまったのか？　彼は、A君から「君はナイーブだよね」と言われたからだ。でも、なぜ、それだけで彼は気分を害したのか？　なぜなら、彼は帰国子女で、日本語をまだよく知らない。ナイーブという言葉は、英語圏の国では「世間知らずな馬鹿者」という意味で使われる。だから、彼はA君から馬鹿にされたように感じて、気分を害したのだ。

このように、論理的につながる文章を書くための手段も、やっぱり、問いなのです。問いを明確にすることで、文章はよりよい文章になります。

「ツッコミどころ」を探す

「論理的につながっているよい文章」を書くための練習として、積極的に自分の文章を他人に読んでもらうことをオススメします。

そして、読んでもらう相手に、必ず「ツッコミどころ、ある？」と聞くようにしましょう。

図 5-2 ツッコミどころを探す

○ **彼は足が速いから、**
次のかけっこで１位になれるだろう。

「彼は足が速い」ことと、「次のかけっこで１位になれるだろう」という２つの文の「つながり」がわかりやすく、論理的なので、読みやすい文と言える。

× **彼は足が速いから、**
次のかけっこで２位になれるだろう。

読み手に「彼は足が速い」ことと、「次のかけっこで２位になれるだろう」という２つの文の「つながり」がわかりにくく、「なぜ、彼は１位ではなくて２位なのだろう？」という「新しい問い」が生まれてしまうため、「２位である理由」を補う必要がある。

↓

彼は足が速い。しかし、A君のほうがもっと速い。
だから、次のかけっこで、彼はA君に次いで
２位になれるだろう。

国語のテストで記述問題の採点をするとき、私はいつも「ツッコミどころ」を意識します。解答に「ツッコミどころ」があるものは、国語のテストでは減点対象です。論理的なつながりに欠けている文章では、相手に完ぺきには伝わりません。

国語という科目の1つのゴールは、第三者からツッコまれるポイントが少ない文をいかに書くことができるかという点にあると考えています。

そのため、家族や友人など、身の回りの人に積極的に自分の文章を見てもらうことも、国語の立派な勉強法になるのです。

第三者にツッコミを入れてもらううちに、必ず、自分自身で自分の文章に少しずつツッコミを入れることができるようになるはずです。

「接続詞」を使いこなす

接続詞の3つの役割

文をつなげるときにポイントになるのは、接続詞です。

接続詞とは、その名前の通り、前の文と次につながる文を「接続する（＝つなげる）」言葉です。

1つの文と1つの文の間に「しかし」「ところが」「つまり」などの接続詞を入れることで、前後の文の関係や、書き手の主張をわかりやすくすることができます。

例えば、理由を言い換えている場合は「なぜなら」という因果関係を結ぶ接続詞を使います。

前の文と逆のことを言いたい場合（逆接）は、「でも」「しかし」を入れます。

前の文をより詳しく語る場合、「だから」という接続詞を入れるとわかりやすくなります。

問いと答えを述べるときにも、接続詞を活用することで文章がわかりやすくなるのです。
問いと答えの観点から見た場合、接続詞には次の3つの役割があります。

《接続詞の3つの役割》

（役割1）「問い」と「答え」の間を接続する
（役割2）「1つの問い」と「別の問い」を接続する
（役割3）「答え」の中のつながりを接続する

1つずつ順番に見ていきましょう。
次の文章を見てください。

なぜ、彼は喜んだのか。**なぜなら、**好きだった彼女の笑顔が見られたからだ。

このように、「なぜ、彼は喜んだのか。」という問いと、「好きだった彼女の笑顔が見られたからだ。」という答えの間に「なぜなら」という接続詞を入れることで、「好きだった彼女の笑顔が見られたからだ。」という一文が問いに対する答えであることがよりわかりやすくなります。

次の文章を見てください。

なぜ、彼は喜んだのか? 彼は、彼女の笑顔を見られたことを喜んだのだ。でも、どうして彼は彼女の笑顔を見られたというだけで、喜んだのだろうか? 彼は彼女のことが好きで、彼女が喜ぶと、彼も喜ぶのだ。

「なぜ、彼は喜んだのか?」という「1つの問い」と、「どうして彼は彼女の笑顔を見られたというだけで、喜んだのだろうか?」という「別の問い」が、「でも」という接続詞で結ばれています。

次は、「答え」の中のつながりを接続するという役割です。

なぜ、彼は喜んだのか? 好きだった彼女の笑顔が見られた。だから、彼女が喜んだことを、彼も喜んだのだ。

最後に、おもな接続詞を7つのカテゴリーで分類して解説しますので、参考にしてみてください。

【接続詞①】そして・しかも

名称：添加

例文：なぜ、彼はモテるのか？　彼は、甘いマスクをしている。そして、優しい性格だ。

解説：前と後ろで同じようなことを言うときに使う接続詞です。「問いの答えが2つ以上ある場合に使う」と理解しておきましょう。

【接続詞②】つまり・同じように・例えば

名称：言い換え

例文：なぜ、傘を持っていったほうがいいのか？　午後は雨かもしれない、とニュースで言っていた。雨が降る可能性があるということは、つまり、傘を持っていったほうがいいということだ。

解説：前と後で同じことを言い換えるときには、「つまり」「同じように」「例えば」が使われます。第3章でお話しした「具体化」のときに使うと考えておくといいでしょう。ちなみに、添加が新しい情報なのに対して、言い換えは同じことの繰り返し・発展を促します。

【接続詞③】だから・なので・したがって・それゆえ

名称：順接（因果）

例文：なぜ、彼はモテるのか？　彼は、甘いマスクをしている。そして、優しい性格だ。だから、彼はモテる。

解説：前の文が原因で、後ろの文が結果になっている場合に「だから・なので」が使われます。第3章でお話しした「Ｗｈｙ型」の質問の際に、因果関係をつなぐ接続詞として使いましょう。

【接続詞④】しかし・けれども

名称：逆接

例文：なぜ、傘を持っていったほうがいいのか？　たしかに、今は雨が降っていない。しかし、午後は雨が降るかもしれない、とニュースで言っていた。

解説：後ろの文が前の文よりも言いたいことになっていて、かつ反対の事柄が述べられている場合に「しかし・けれども」が使われます。「世間であまり知られていないこと」や「一般的に思われていること」に対して逆の立場をとるときに使われるため、後ろの文に筆者の言いたいことがくる場合が多いと言えます。

【接続詞⑤】または・それとも・一方で・他方で・同時に

名称：選択・対比

例文：太郎君は、どんな人物なのだろうか？ 太郎君は勤勉で、真面目な性格だ。一方で、太郎君は友達と遊んでいるときにはふざけることもあり、ノリがいい。総じて、いい人物だと考えられる。

解説：違うものを並べて「対比・比較」するときに使われる接続詞です。第3章でお話しした「比較」の際に使います。

【接続詞⑥】ただし・なお・ちなみに

名称：補足

例文：太郎君は、どんな人物なのだろうか？ 太郎君は優しい。ただし、少し気弱な印象を受ける。でも真面目で、いい印象を自分は持っている。

解説：前の文と後ろの文の内容が反対で、かつ、後ろの文が補足的な説明をしているときに使われます。「逆接」と間違えやすいので注意しましょう。「ただし書き」という言葉の通り、後ろの文は、本当はそこまで必要のないことだけれど、一応、書いている内容だということですね。

【接続詞⑦】なぜなら・というのは・だって

名称：説明

例文：なぜ、彼はモテるのか？　なぜなら、彼は、甘いマスクをしているからだ。

解説：先に結果が述べられていて、後ろにその理由・説明を書く場合に「なぜなら・というのは・だって」が使われます。問いと答えの間に入る場合が多く、主張をより詳しく述べたり、説明したりします。ちなみに、「〜だからだ」のように、後ろに理由を表すときの言葉がついている場合が多いです。

図 5-3 接続詞一覧

接続詞① そして・しかも	
【名称】添加	例文：なぜ、彼はモテるのか？ 彼は、甘いマスクをしている。そして、優しい性格だ。
接続詞② つまり・同じように・例えば	
【名称】言い換え	例文：なぜ、傘を持っていったほうがいいのか？ 午後は雨かもしれない、とニュースで言っていた。雨が降る可能性があるということは、つまり、傘を持っていったほうがいいということだ。
接続詞③ だから・なので・したがって・それゆえ	
【名称】順接（因果）	例文：なぜ、彼はモテるのか？ 彼は、甘いマスクをしている。そして、優しい性格だ。だから、彼はモテる。
接続詞④ しかし・けれども	
【名称】逆接	例文：なぜ、傘を持っていったほうがいいのか？ たしかに、今は雨が降っていない。しかし、午後は雨が降るかもしれない、とニュースで言っていた。
接続詞⑤ または・それとも・一方で・他方で・同時に	
【名称】選択・対比	例文：太郎君は、どんな人物なのだろうか？ 太郎君は勤勉で、真面目な性格だ。一方で、太郎君は友達と遊んでいるときにはふざけることもあり、ノリがいい。総じて、いい人物だと考えられる。
接続詞⑥ ただし・なお・ちなみに	
【名称】補足	例文：太郎君は、どんな人物なのだろうか？ 太郎君は優しい。ただし、少し気弱な印象を受ける。でも真面目で、いい印象を自分は持っている。
接続詞⑦ なぜなら・というのは・だって	
【名称】説明	例文：なぜ、彼はモテるのか？ なぜなら、彼は、甘いマスクをしているからだ。

問いの並列化

「答えがわかっている問い」をあえて並べる

続いては、**「問いの並列化」**というテクニックを紹介します。

次の文章を見てください。

勉強中に音楽を聴くのは、いいことなのでしょうか? 勉強しながらテレビを観ることは、なんとなく効率が悪そうです。なぜなら、テレビの内容が邪魔をして、勉強に集中するのが難しそうだからです。同じ理由で、勉強しながら人とおしゃべりするのも、話すことに集中してしまってよい効果がなさそうです。ひるがえって、音楽についてはどうでしょうか? テレビを観たり人と

図 5-4 問いの並列化

問い1
Aの問いの答えは？ → （あえていったん答えを言わない）

問い2
Bの問いの答えは？ → 「A2 ○○○○○○」

問い3
Cの問いの答えは？ → 「A3 ○○○○○○」

問い4
BとCの問いと答えを受けて、改めてAの問いの答えは？ → 「A1 ○○○○○○」

話したりすることほどは、勉強の邪魔にはならないように思えます。

これは、「勉強中に音楽を聴くのはよいことか？」という問いに対する答えを出すための文章です。

その問いに対する答えを出すために、「答えがわかっている問いを、あえて並列に並べる」という工夫がなされています。

これを**問いの並列化**と言います。

他の問いと答えを持ち出すことによって、「答えを出したい問い」がより具体的でわかりやすくなります。問いを並列で並べることによって、文章に厚みが出るのです。

誤答の並列

正解を際立たせる

前項の「問いの並列化」を応用して、次のような文章を書くこともできます。

なぜ、この店にはリピーターが多いのだろうか？ この店はとても辺ぴな場所にあるし、広告を出して人が多く集まっているわけでもない。それなのに、なぜ、この店にはたくさんのリピーターがいるのだろうか？ その答えは、味だと私は考える。

「なぜこの店にはリピーターが多いのか？」という問いを持ち出しつつ、その答えが「場所」や「広告」ではないことを先に示しています。

これを**「誤答の並列」**と言います。

「誤答の並列」をすることで、正解を際立たせるわけです。

「誤答の並列」も、文章に厚みを持たせたいときに有効な手段だと言えるでしょう。

ちなみに、『ＯＮＥ ＰＩＥＣＥ』（尾田栄一郎作、集英社）という漫画のワンシーン（第16巻）には、「誤答の並列」を用いた名言があります。

Ｄｒ．ヒルルクという人物による次のセリフです。

人はいつ死ぬと思う…？
心臓を銃（ピストル）で撃ち抜かれた時……違う
不治の病に犯された時……違う
猛毒キノコのスープを飲んだ時……違う！！！
…人に忘れられた時さ…！！！

まず、「人はいつ死ぬか？」という問いから始まっています。

そして、「心臓を銃（ピストル）で撃ち抜かれた時」「不治の病に犯された時」「猛毒キノコのスープ

図 5-5 誤答の並列

問い1
この問いの答えは？

問い2
この問いの答えはAか？ ➡ 違う

問い3
この問いの答えはBか？ ➡ 違う

答え
この問いの答えはCだ

を飲んだ時」という3つの誤答が並んでいます。

最後に、満を持して「人に忘れられた時」という答えを出しています。

このように、誤答を並列することによって、「人に忘れられた時」という答えに重みを持たせているわけです。

簡単な問題の並列

並列化のもう1つのテクニック

並列化について、もう1つ、**「簡単な問題の並列」**というテクニックもあります。

「並列する問い」は、「答えがわかりきっている問い」でも問題ありません。

次の文章は、おもちゃを乱暴に扱った子供に親が対応するという内容です。


今、ロボットのおもちゃを乱暴に扱ったね。でも、それはいけないことなんだよ。なんでか気になるよね？ 例えば、お友達のことも同じように乱暴に扱うかな？ 殴ったり、投げ飛ばしたりするかな？ しないよね？ おもちゃも、友達なんだよ。だから、おもちゃは乱暴に扱ってはいけ

図5-6 簡単な問題の並列

問い1

問いAの答えは？ → （いったん答えを言わない）

問い2

問いBの答えは？ → C（この答えは明白）

問い3

問いAと問いBは同じなので、
改めて問いAの答えは？ → C

ないんだよ。

まず、「なぜ、おもちゃを乱暴に扱ってはいけないのか？」という問いについて、子供に答えを語っています。その答えは、「おもちゃも、友達だから」です。

ただ、それでは「なぜ、おもちゃを乱暴に扱ってはいけないのか？それは、おもちゃも友達だから」ということになってしまいます。

おもちゃは人間ではなく、あくまで物にすぎないので、論理的なつながりが弱い気がします。

そこで、「お友達のことも同じように乱暴に扱うかな？」「しないよね？」と、新しい質問とその答えを付け加えているのです。

譲歩

ワンランク上の文章術⑦

相手の意見をいったん受け入れる

次に紹介するのは、「**譲歩**」というテクニックです。

次の文を見てください。

たしかに、この本は分厚い。**でも、**その分、勉強になる。

「たしかに」と、相手の意見をいったん受け入れたうえで、「でも」と続けて自分の意見を述べることを譲歩と言います。

文章術をテーマにした本でも、譲歩を使うことが推奨されることが多いようです。

しかし、譲歩を安易に使うのは危険です。

「この本は勉強になる」というメリットを相手に伝えたいのに、「たしかに、この本は分厚い」というデメリットから伝えることになるからです。「分厚いなら、そんな本は要らないな」と、相手に思われてしまうかもしれません。うまく使い方を考えないと、ただデメリットを伝えるだけになってしまうのです。

とはいえ、ただマイナスなだけであれば、譲歩が推奨されるわけはありません。

もちろん、メリットもあります。

それは、**「譲歩を使うことで、その後の文章にインパクトが生まれる」**からです。

冒頭の文章では、「たしかに、この本は分厚い」という話をした後で、「でも、その分、勉強になる」と述べています。

こうすることで、本に対する印象が「マイナス50点」から、「プラス70点」まで上昇することになります。この間の値は、「プラス120点」です。

たんに「この本は勉強になる」と言うだけでも「プラス70点」ではありますが、先にマイナスの情報から入ることによって、大きなギャップを生み出しているわけです。

予定調和だと思ったのに、その予定調和ではない出来事が起こると、驚きが生まれます。「ギャップ」によって、驚きが生まれ、納得感が生まれる。正しいと思っていたのに、それがじつは間違っていたという「ギャップ」が、納得感を増大させるわけです。

だからこそ、「ここぞ」というときに、「譲歩」を使いましょう。しっかりと譲歩した分を後ろで否定し、ギャップを演出できるときにこそ、譲歩が効果を発揮するのです。

ここまでお話ししてきた問いと答えの視点から譲歩を考えてみましょう。

次の文を見てください。

> みなさんは、仕事とプライベート、どちらが大切だと思いますか？　たしかに、仕事は大事です。疎かにしないほうがいいでしょう。しかし、私はプライベートのほうが大切なのではないかと思っています。その理由は、以下の通りです。

問いの答えについて、「間違い」と「正解」の2つを用意します。

そのうえで、「間違い」のほうを「たしかにそう考えるのもわかる」と認め、「しかし」という接続詞でつなげます。

そして、「正解」のほうを「こちらが正解なのです」と続けるのです。

図5-7 讓歩

たしかに、この本は分厚い。でも、その分、勉強になる。

「たしかに」と、**相手の意見をいったん受け入れたうえで、**「でも」**と続けて自分の意見を述べる**ことを**譲歩**と言う。譲歩のテクニックを使うことで、「でも」の後ろの文章にインパクトが生まれる。

●問いの視点から見た譲歩の構造

みなさんは、仕事とプライベート、どちらが大切だと思いますか？ たしかに、仕事は大事です。疎かにしないほうがいいでしょう。しかし、私はプライベートのほうが大切なのではないかと思っています。その理由は、以下の通りです。

問い
みなさんは、仕事とプライベート、
どちらが大切だと思いますか？

↓

答え①：間違い
たしかに、仕事は大事です。
疎かにしないほうがいいでしょう。

↓

答え②：正解
しかし、私はプライベートのほうが
大切なのではないかと思っています。

「2つの答えを並列する」という手法は、さきほどの「誤答の並列」の応用です。

次の文章を読んでみましょう。

みなさんは、「要点のまとまったわかりやすい参考書」と、「要点がまとまっていない自分で整理する必要のある参考書」では、どちらのほうが使いやすいでしょうか？　おそらく、多くの人が「要点のまとまったわかりやすい参考書」と答えると思います。しかし、じつは「要点がまとまっていない自分で整理する必要のある参考書」のほうが、成績が上がりやすい場合があるのです。「そんなわけないじゃないか」と疑う人がいるかもしれませんが、じつは、こんなカラクリがあります。

この文章は、「誤答の並列」を応用した「譲歩」です。

「『要点のまとまったわかりやすい参考書』と、『要点がまとまっていない自分で整理する必要のある参考書』、どちらのほうが使いやすいか？」という問いに対して、「『要点のまとまったわかりやすい参考書』と答える人が多い」という誤答を提示したうえで、「『要点がまとまっていない自分で整理する必要のある参考書』のほうがいい」という本当の答えを述べています。

図 5-8　誤答の並列を応用した譲歩

みなさんは、「要点のまとまったわかりやすい参考書」と、「要点がまとまっていない自分で整理する必要のある参考書」では、どちらのほうが使いやすいでしょうか？ おそらく、多くの人が「要点のまとまったわかりやすい参考書」と答えると思います。しかし、じつは「要点がまとまっていない自分で整理する必要のある参考書」のほうが、成績が上がりやすい場合があるのです。「そんなわけないじゃないか」と疑う人がいるかもしれませんが、じつは、こんなカラクリがあります。

問い

「要点のまとまったわかりやすい参考書」と、
「要点がまとまっていない自分で整理する必要のある参考書」では、
どちらのほうが使いやすいか？

↓

誤答

「要点のまとまったわかりやすい参考書」と
答える人が多い

↓

本当の答え

「要点がまとまっていない自分で整理する必要のある参考書」の
ほうがいい

誤答の並列を応用した譲歩では、問いに対して、先に誤答を提示してから、本当の答えを述べる

単文・重文・複文の違いを意識する

3種類の文を理解する

文章をブラッシュアップするためには、「文」への理解を深める必要がありますが、じつは、ひと言で「文」といっても、様々な種類があります。

文中の主語や述語の種類によって、文の呼び名が変わるのです。

まず、文をつくるためには、「主語」と「述語」が必要です。

主語とは、「だれが（は）」「何が（は）」にあたる言葉のことです。

そして、その主語が「どうした（どうする）」にあたる言葉を述語といいます。

文の多くは、基本的に「主語」と「述語」の2つで構成されています。

「私は走った」という文の場合、「私」が主語、「走った」が述語になるわけです。

さらに、この2つの部分を詳しく説明するような言葉を修飾語といいます。

「私は、力強く走った」の場合、「走った」の直前にある「力強く」が修飾語です。

この「主語」「述語」「修飾語」の組み合わせ方によって、文に様々な種類が生まれるのです。

ここでは、**単文、重文、複文**の3つについて説明します。

（文の種類①）単文

まず紹介するのは「単文」です。

これは、**述語が1つだけの文**のことをいいます。

なぜ主語を指定しないのかというと、日本語では往々にして主語が省略されてしまうからです。

「私は本が好きです」「彼は教師です」のように、主語と述語の組み合わせが1つずつであるような場合を単文と呼びます。

単文は、もっとも基本的で、つくるのも読むのも簡単な文と言えるでしょう。

後述する理由から、基本的に単文を中心に文章を構成すべきであると私は考えていますが、単文だけで文章を構成してしまうと、読み手に幼稚なニュアンスを与えてしまう可能性が高くなります。

例えば、次の2つの文章を読み比べてみてください。

・今日は雨が降った。散歩はやめた。代わりに家で遊んだ。友達が遊びに来た。ゲームで勝負した。勝った。嬉しかった。

・今日は雨が降ったので、散歩はやめた。その代わり、家で遊ぶことにした。すると、友達が遊びに来たのでゲームで勝負したら勝てて嬉しかった。

多くの人は2つ目の文章のほうが読みやすく、完成度が高いと判断したのではないでしょうか。これは、接続詞などを活用し、単文以外の文章を使って構成したためです。

多くの人が憧れる「うまい文章」は、1つ目の文章よりも、2つ目の文章に近いかもしれません。

（文の種類②）重文

次に紹介するのが「重文」です。

重文とは、主語と述語の組み合わせが2つ以上あり、対等な関係で並んでいる文のことです。

次の文を見てください。

どちらも重文と呼ばれる文です。

・私は本を読み、彼はゲームをする。
・彼女の趣味はサイクリングで、職業はスポーツインストラクターで、特技は料理です。

前者は、主語と述語が2つずつ、後者は、3つずつあります。

一見、重文は複雑な構造のように思えますが、同じような意味の単文を2つ以上重ねるだけなので、比較的つくりやすい文と言えるでしょう。理論上、つなげられる文の数に上限はないので、いくらでも重ねることができます。

ただ、文を3つ以上つなげる場合、読み手に「冗長な文章」と思われてしまうかもしれません。そのため、重文をつくるときは、できるだけ2ペア（主語2つと述語2つ）まででとどめておくことがオススメです。

（文の種類③）複文

最後に紹介するのは「複文」です。

複文とは、重文と同様に2つ以上の主語と述語の組み合わせがある文のことです。ただ、重文と異なり、つなげられている文の間に力関係があります。

次の例を見てください。

・準備に手間取ったので、出発が遅れた。
・私は、彼が仕事でうまくいっていないことを、知っている。

前者は「準備に手間取った」「出発が遅れた」に2つの主語述語ペアが隠れています。ただし、これらは対等な関係ではありません。どちらが主かと言えば、「出発が遅れた」のほうでしょう。「準備に手間取った」のほうは、「出発が遅れた」理由を補足するための材料に使われています。

後者のほうは「私は知っている」の目的語として「彼が仕事でうまくいっていないこと」がとられています。「彼が仕事でうまくいっていない」も主語と述語の関係ですが、やはりこちらも「私は知っている」とは対等な関係ではなく、入れ子の構造になっています。

複文は、非常に使い勝手がいいものです。複文がカバーしている範囲は、単文や重文のそれよりも、大幅に広い。だからこそ、複文を活用することによって表現の幅が大きく広がります。

単文、重文、複文をうまく組み合わせて文章を構成するのが、伝わりやすい文章をつくるコツではありますが、最初のうちは、単文を中心に文章を構成することをオススメします。複文や重文は、あくまでアクセントとして用いるようにしましょう。

図 5-9　文の種類

文の種類①　単文

述語が1つだけの文。

［単文の例］

今日は雨が降った。散歩はやめた。代わりに家で遊んだ。友達が遊びに来た。ゲームで勝負した。勝った。嬉しかった。

文の種類②　重文

主語と述語の組み合わせが2つ以上あり、
対等な関係で並んでいる文。

［重文の例］

私は本を読み、彼はゲームをする。

文の種類③　複文

重文と同様に2つ以上の主語と述語の組み合わせがある文。

［複文の例］

準備に手間取ったので、出発が遅れた。

問いと答えが融合した複文

複文には問いと答えが隠れている

じつは、前項の「準備に手間取ったので、出発が遅れた。」という文には、「出発が遅れたのはなぜか?」という問いと「準備に手間取った」という答えが隠れています。

「私は、彼が仕事でうまくいっていないことを、知っている。」という文も、「私は何を知っているのか?」という問いと、「彼が仕事でうまくいっていないこと」という答えが隠れています。

このように、複文は「問いと答えが融合した文」なのです。

図 5-10　複文とは？

複文　２つ以上の主語と述語の組み合わせがある文を指すが、「問いと答えが融合した文」として、とらえることができる

［複文の例１］

準備に手間取ったので、出発が遅れた。

↓

問い 出発が遅れたのはなぜか？

答え 準備に手間取った

［複文の例２］

私は、彼が仕事でうまくいっていないことを、
知っている。

↓

問い 私は何を知っているのか？

答え 彼が仕事でうまくいっていないこと

主語と述語を意識する

主語と述語の関係を明確にする

もう少し、文章を構成する「文」についての理解を深めてみましょう。

さきほど少し説明しましたが、文の構成要素である「主語」「述語」を意識すると、文章は書きやすくなります。

主語とは「私は」「彼が」のような「動作の主体」を表す言葉のこと、述語とは「洗った」「蹴った」「○○です」のような「動作や状態」を表す言葉のことですね。他に、「目的語」「修飾語」もあります。「目的語」とは「お茶を」「テーブルを」のような「動作の対象」を表す言葉のこと。そして、「修飾語」とは、これらのどれにも当てはまらない「文章の要素を追加する」ために使う言葉のことです。

「美味しいお茶」「かっこいいテーブル」といったときの「美味しい」とか「かっこいい」などが該当します。何かを修飾しているから、修飾語になります。

どれも大事な要素のように思えるかもしれませんが、初級者の段階で気にすべき要素はハッキリと決まっています。

それは、「主語」「述語」です。

「誰が」「何をしたのか」をつねに意識しながら書くだけで、文章の完成度が大きく変わるのです。ここでいう文章の完成度とは、読みやすさのこと、すなわち、どれだけ読者に内容が伝わりやすいかを指しています。

逆に、修飾語については、最初はあまり使わないほうがいいかもしれません。文の主要な構成要素となるパーツの完成度を高めることが先決であるためです。

次の文を見てください。

1. 料理をしている最中に、レシピを見間違えて塩と砂糖を間違えて入れてしまい、その味を確認したときの驚きは忘れられない。

2. 昨日の午後、公園で散歩をしていたとき、隣の家の塀を乗り越えてきた猫を見かけたと思ったら、途端に雨が降り始めた。

この2つの文からは、「だらだらと続いているなあ」という印象を受けるのではないでしょうか。

そのような印象を抱いてしまう理由は、この2つの文における**主語と述語の関係が特定しにくいからです。**

主語と述語が見つからない、見つけにくい文は、読み手に「何が言いたいのかわからない」と思われてしまうのです。

1つ目の文の主語は「驚きは」、述語は「忘れられない」です。つまり、「何かにびっくりしたことが印象深い」ということが、もっとも言いたい文ということになります。料理そのものは、メイントピックではないのです。

ところが、この文を読み始めると、まず「料理をしている最中に〜」という文が目に飛び込んでくるので、多くの人は料理がメイントピックなのかと考えてしまうでしょう。そうして読み進めてみると、「驚きは忘れられない」と締めくくられており、その時点で初めて、「これは自分の思い出とそのときの感情の揺れ動きがもっとも言いたいことだったのだな」と、気づくことができます。

2つ目の文についても同様です。

「昨日の午後、公園で散歩をしていた〜」と始まり、途中で猫の話題、そして「雨が降り始めた」で終わっています。もちろん、散歩中に雨が降ってくること自体は珍しくありませんが、散歩の話題から始まって、猫を見かけた話を挟み、最終的に雨が降り始めたという文は、読み手に「結局、この文は何が言いたいのかわからない」と思われ、散漫な印象を与えてしまいます。

主語と述語の2つのポイント

心がけることは2つです。

1つは、**「主語は、なるべく前に出す」**ことです。

主語を必ず冒頭に置かなければいけないわけではありません。あえて、主語を後ろのほうに置く場合もあります。ただ、文章が苦手な場合は、なるべく前に出すことをオススメします。読み手の気持ちになって考えれば、主語は早期に確定しているほうが、読みやすいと感じます。

2つ目は**「主語と述語がねじれないようにする」**ことです。

「主語と述語がねじれる」とは、提示した主語に合わない述語が提示される状況のことを言います。

「私の夢は、料理人として世界を股にかけるだろう。」という文には、違和感を抱くと思います。

「私の夢は」と始まったのであれば、「世界を股にかける料理人になることだ」、もしくは「料理で世界の頂点に立つことだ」のように文を結ぶ必要があります。

逆に、「世界を股にかけるだろう」と結びたいのであれば、「私はいつか一流のコックとして」などのように文を始めなければいけません。このような「主語と述語が一致していない文」を「ねじれ文」といいます。

また、文法的には正しいものの、意味がわかりにくくなる文もあります。
次の文を見てください。

お店で新しく発売されたケーキを食べた友達が、美味しいと言っていたのを昨日聞いたけれど、まだ試していないのでどんな味なのか気になっています。

「ケーキを食べた友達が〜」という主語に対して、文の終着が「どんな味なのか気になっています」となっているので、入り口と出口がねじれているような読後感になってしまうのです。

この文の場合、冒頭で提示した主語に対応する述語をなるべく早い段階で提示し、文章をいったん区切るなどの修正が必要でしょう。

重要なのは、本書でも繰り返しお話ししてきた、問いと答えです。

この文の問いは何かを意識すると、自然と「主語」と「述語」が見えてきます。

この文の場合、まず「私は何が気になっているのか？」という問いがあります。そして、「お店で新しく発売されたケーキが気になっている」が答えになります。

さらに、「なぜ、お店で新しく発売されたケーキが気になっているのか？」という問いがあり、「食べた友達が、美味しいと言っていたのを昨日聞いたけれど、まだ試していないから」という答えがあ

図 5-11 主語と述語で心がけること

ポイント① 主語はなるべく前に出す

主語は必ず冒頭に置かなければいけないわけではないが、文章が苦手な場合、なるべく前に出すようにする。

× **雨が降っても傘をイギリス人はささないことが多い。**

○ **イギリス人は、雨が降っても傘をささないことが多い。**

ポイント② 主語と述語がねじれないようにする

ねじれ文とは「主語と述語が一致していない文」のこと。主語と述語を一致させることで、読みやすい文になる。

× **私の夢は、料理人として世界を股にかけるだろう。**

○ **私の夢は、世界を股にかける料理人になることだ。**

○ **私はいつか一流のコックとして世界を股にかけるだろう。**

ります。

前述の複文のテクニックを使って、この2つの問いと答えを融合させ、その間を接続詞でつなぐと、次のようになります。

私は、お店で新しく発売されたケーキが気になっている。**なぜなら、**そのケーキを食べた友達が、美味しいと言っていたのを昨日聞いたのに、まだ試していないからだ。

問いと答えを中心に内容を整理することで、読みやすい文章に様変わりしました。

このように、1つの問いに対して、基本的に主語と述語は1つです。

「なぜ、私はお店で新しく発売されたケーキが気になっているのか？」というように、複数の主語と述語が混ざる問いをつくってしまうと、文章が読みにくくなってしまいます。

文章を書くときは、1つの主語と述語で問いと答えを整理することが大切です。

図 5-12 問いと答えを中心に内容を整理する

✕ お店で新しく発売されたケーキを食べた友達が、美味しいと言っていたのを昨日聞いたけれど、まだ試していないのでどんな味なのか気になっています。

文にねじれが生じているため、内容を問いと答えの形にして整理する

↓

問い1 私は何が気になっているのか？

答え1 お店で新しく発売されたケーキが気になっている

問い2 なぜ、お店で新しく発売されたケーキが気になっているのか？

答え2 食べた友達が、美味しいと言っていたのを昨日聞いたけれど、まだ試していないから

↓

この2つの問いと答えを接続詞（なぜなら）でつないで融合させる

↓

○ 私は、お店で新しく発売されたケーキが気になっている。なぜなら、そのケーキを食べた友達が、美味しいと言っていたのを昨日聞いたのに、まだ試していないからだ。

文章力を磨くポイントは要約力

文章力を高めるトレーニング法

東大の入試問題が教えてくれる要約力の大切さ

「いい文章を書けるようになるためのトレーニングはありますか？」

このような質問を生徒からよく受けます。

そこで、最後に文章力を高めるための具体的な訓練方法についてお話ししたいと思います。

結論から申し上げると、私が考える文章力を高めるトレーニング法は、ズバリ、要約です。

理由は、東京大学の入試問題にあります。

詳しくご説明しましょう。

まず、東京大学が日本で一番難しいと言われる理由は何かというと、それは、全科目においてほぼ記述問題だからです。

国語の入試問題は、選択肢の中から答えを選ぶのが一般的です。

一方の東大の入試では選択式の問題が一切出ません。

東大の入試問題は、説明や理由を求める記述式の問題だけで構成されているのです。

国語以外の英語や理科、社会においても、「これはなぜか、30文字以内で説明しなさい」といった記述問題が多く出題されています。

数学でも、問題が出されてその答えを途中の計算や思考の過程も含めて記述しなければならないので、本当にすべてが記述式の問題だと言えるでしょう。

この時点で、「すべての答えを記述しなければならないなんて、難しそうな大学だなあ……」と思うかもしれません。

しかし、話はここで終わりません。

東京大学の入試問題が恐ろしいのはここからです。

記述式の入試問題が多い大学自体は、他にもたくさんあります。

東大の記述問題には、1つ、大きな「制限」が加えられているのです。

それは、文字数の制限です。

「これはなぜか、30文字以内で説明しなさい」

「これはどういうことか、60文字以内で答えなさい」

このように、多くの記述問題に文字数の制限がかかっています。

そのうえ、この制限が非常に厳しいのです。

「100文字以上で説明するなら簡単だけれど、60文字なんて難しい！」と感じる受験生が続出するほど、制限が厳しいのです。

一般的な記述問題は、むしろ「長く書くこと」を求める場合のほうが多いと言えるでしょう。

例えば、英語の入試問題において、自由英作文と呼ばれる問題形式があります。

これは、どの大学でも出題される問題形式で、「～について、あなたの考えを◯語以内の英語で答えよ」という問題になります。

これが、東大と他の大学で文字数制限が違うのです。

一橋大学の自由英作文は100～140語、他の難関国公立大学も、基本的には100語程度の英作文が求められます。

一方の東大では、年度にもよりますが70語程度です。

「文字数が少ないなら、東大のほうが簡単ってことではないの？」と思うかもしれませんが、短くまとめなければならないからこそ、冗長に説明できず、ポイントを絞らなければならないのです。

こうした**「短く語らなければならないこと」こそが、東大が日本で一番難しい大学だと言われてい**

る1つの大きな要因ではないかと私は考えています。

では、なぜ、このような問題が出題されているのか？

東大は、こうした問題を受験生に課すことで、要約力を問いたいのではないかと言われています。

そして、**厳しい文字数制限が設けられた記述問題を乗り越えて東大に合格する生徒は、私が見る限り、自然と文章力が身についている場合が多い**のです。

東大に合格した私の教え子たちの中には、ライターのバイトをしている生徒がたくさんいるのですが、みな高校1年生の頃とは見違えた文章を書いています。

そうした生徒を数多く見てきた経験から、私は、厳しい文字数制限が課された入試問題が文章力の向上に大きく貢献しているのではないかと考えるようになったのです。

要約する文章は、新聞でも本でもなんでもかまいませんので、ぜひ短くまとめる訓練をしてみてください。

要約するときのポイント

ただ、要約するといっても、むやみに文章を短くするだけではトレーニングになりません。

要約の練習をするときには、1つポイントがあります。

それは、ここまで繰り返しお話ししてきた問いと答えです。

157字で書かれた次の文章を見てください。

ドイツは日本に比べて貿易依存度が高い。その理由は、ドイツがEU加盟国だからだ。EUでは、域内における共通の通貨であるユーロや、シェンゲン協定によりEU域内におけるヒト・モノ・カネの自由化が行われていて、域内における自由貿易が推進されている。このことを背景として、ドイツはEU域内向けの貿易が盛んに行われているのだ。（157字）

この文章を100文字以内に要約してみましょう。

なんとなく、文章を削ってはいけません。

削る根拠が必要です。

この文章における「大きな問い」は、冒頭の「なぜ、ドイツは日本に比べて貿易依存度が高いのか？」です。

この文章は、この問いに対する答えを出すために書かれています。

ということは、**「なぜ、ドイツは日本に比べて貿易依存度が高いのか？」という問いの答えに直接つながっていない部分は、削ってもいい**ということになります。

文を実際に削ってみると、次のようになります。

ドイツが日本に比べ貿易依存度が高いのは、ドイツがＥＵ加盟国だからだ。ＥＵはユーロやシェンゲン協定により域内の自由貿易が推進されていて、これを背景にドイツではＥＵ域内向けの貿易が盛んだ。（92字）

ドイツが日本に比べ貿易依存度が高いのは、ドイツがＥＵ加盟国だから。ＥＵでは域内の自由貿易が推進されている。これを背景にドイツではＥＵ域内向けの貿易が盛んなのだ。（80字）

これは、「域内における共通の通貨であるユーロや、シェンゲン協定によりＥＵ域内におけるヒト・モノ・カネの自由化が行われていて、自由貿易が推進されている。」を「ＥＵはユーロやシェンゲン協定により域内の自由貿易が推進されていて、」としています。

なぜ、この部分を削ってもいいのかというと、ユーロの話やシェンゲン協定の話は、「ＥＵでは自由貿易が推進されている」ということを修飾する部分だったからです。

具体的な説明をするための部分なので、削っても特に問題がなかったわけです。

もう少し詳しく説明しましょう。

この文は、問いと答えを整理すると、次のようになります。

（問い1）ドイツが日本に比べ貿易依存度が高いのはなぜか？
（答え1）ドイツがEU加盟国だから
（問い2）なぜ、EU加盟国は貿易依存度が高いのか？
（答え2）EUは、ユーロやシェンゲン協定により域内の自由貿易が推進されているから
（問い3）EU域内で自由貿易が推進されていることの具体的な例は？
（答え3）域内における共通の通貨であるユーロ、EU域内におけるヒト・モノ・カネの自由化を目的としたシェンゲン協定
（問い4）EU加盟国のドイツの貿易依存度が高い理由は？
（答え4）ドイツはEU域内向けの貿易が盛んだから

このうち、「ドイツが日本に比べ貿易依存度が高いのはなぜか？」という「大きな問い」に関わる重要な問いは、「問い1、問い2、問い4」の3つです。

問い3は、具体的な例を聞いているだけなので、特になくてもいいわけです。

したがって、ここを削って「EUはユーロやシェンゲン協定により域内の自由貿易が推進されている」としても、文章として問題なく成立するわけです。

3つのステップに沿って実際に文章を書いてみよう

実践編

東大の入試問題にチャレンジ

最後に、本書で紹介した3つのステップに沿って実際に文章を書いてみましょう。

次ページを見てください。

東京大学工学部の学校推薦型選抜入試において2019年に出題された問題です。

「東京大学の小論文なんて書けないよ……」と不安に思うかもしれませんが、心配は要りません。

慌てずに3つのステップにしたがえば、誰でも必ず書くことができます。

ぜひ挑戦してみてください。

解答は、182ページにあります。

解答例は2つ用意しましたので、参考にしてみてください。

【問題】

数多くの発明や発見の中で、あなたが特に独創的であると感じた発明や発見を1つ取り上げ、なぜそう感じたか、説明しなさい。

（2019年　東京大学工学部　学校推薦型選抜入試　小論文のテーマ）

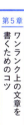

【解答例①】

《ステップ①》「大きな問い」を立てる（この問題の場合、「大きな問い」を明確にする）

あなたが独創的であると感じた発明や発見は何か？　そして、その理由は？

《ステップ②》「大きな問い」を「小さな問い」に分解する

（小さな問い１）【具体化】独創的であると感じた発明や発見は具体的に何か？

（小さな問い２）【理由】それが独創的だと考えたのはなぜ？

（小さな問い３）【抽象化】そもそも、「独創的」とはどういう定義か？

《ステップ③》「小さな問い」の答えを出す

（「小さな問い１」の答え）洗濯機

（「小さな問い２」の答え）洗濯機ができる前は、川に行って洗濯をしなければならなかった。洗濯機ができたおかげで、多くの人が家の中にいながら洗濯をできるようになった。

（「小さな問い３」の答え）独創的な発明というのは、多くの人がその発明によって救われるようなものであると考えられる。

〈文章例〉

　自分が独創的であると感じた発明・発見は、「洗濯機」だ。洗濯機ができる前は、川に行って洗濯をしなければならず、大変な労力だった。洗濯機ができたおかげで、多くの人が家の中にいながら洗濯をできるようになったと言える。そして、独創的な発明というのは、多くの人がその発明によって救われるようなものであると考えられる。その点で言えば、洗濯機ほど多くの人の生活を便利にしたものは他にないと考えられるので、自分は洗濯機が一番独創的であると考える。

【解答例②】

《ステップ①》「大きな問い」を立てる（この問題の場合、「大きな問い」を明確にする）

あなたが独創的であると感じた発明や発見は？　そして、その理由は？

《ステップ②》「大きな問い」を「小さな問い」に分解する

（小さな問い１）【具体化】独創的であると感じた発明や発見は具体的に何か？

（小さな問い２）【抽象化】そもそも、「独創的」とはどういう定義か？

（小さな問い３）【比較】他と比べて、それが独創的だと言えるのはなぜか？

《ステップ③》「小さな問い」の答えを出す

（「小さな問い１」の答え）時間

（「小さな問い２」の答え）独創的な発明というのは、他にないほど社会的なインパクトが大きいもののことだと定義できる。

（「小さな問い３」の答え）時間は、現在の世の中における根幹を成している。時間がなければ社会というものは形成することができない。

（文章例）

自分が独創的であると感じた発明・発見は、「時間」である。そもそも、独創的な発明とは、他にないほど社会的なインパクトが大きいもののことだと定義できる。その点で言えば、時間というのは現在の世の中における根幹を成している。時間がなければそもそも社会というものは形成することができない。相手と自分の間で約束をすることもできず、多くの人が守るべきルールが明確ではなくなってしまう。社会生活を送るうえで、なくてはならないものになっていると考えられる。だから、自分は時間が一番独創的であると考える。

おわりに

本書を執筆するにあたり、私が意識したのは「〝模範解答〟の文を並べた文例集のような本にしたくない」ということでした。

今やChatGPTの登場により、自分で文章を書かなくても、AIがつくった〝模範解答〟の文章をコピー&ペーストすれば済んでしまう時代に突入しました。結婚式のスピーチやお礼の言葉・謝罪文などは、もはや自分で書く必要がなくなっているのです。

しかし、AIがつくった文章のコピー&ペーストでは十分ではない、と私は考えています。

例えば、「結婚式のスピーチで新郎に対するお礼を述べたいが、どんな話をすればよいだろう」と、悩んでいる人がいたとします。

ChatGPTを使えば、「結婚式のスピーチにおける模範解答の文章」が「答え」として出てくるでしょう。

ただ、その人が本当に求めているのは、「誰にでも当てはまるスピーチの文章」ではなく、「新郎に対する自分なりの感謝の気持ちが込められた文章」です。結婚式で無難なことを言ってその場をおさめることが目的ではないのです。

少なくとも、現時点では、AIが「気持ちを汲み取った文章」を書くことはできません。私たち人間が自分の頭を使って文章を書く必要がある場面というのは、まだまだたくさんあるのです。

私たちは、幼い頃から「答え」を求め続けてきました。

テストでは正解を求められ、社会生活では周囲から求められる期待に応えようとします。

しかし、真の創造性は、正解や期待にとらわれるのではなく、自由に「問い」を立てることから生まれます。

この世におもしろくない本なんて、ありません。

おもしろがれない自分がいるだけです。

同じ人生を歩んでいても、そこに「問い」があれば、世界の見え方は大きく変わります。

例えば、夕焼けを見たときに、科学的な問いから、文学的な問い、哲学的な問いまで、さまざまな問いをつくることができます。

その問いを分解する過程で、目の前の夕焼けが、たんなる風景からあなただけの物語へと変化します。

この本が、文章を書くという行為を通して、みなさんの人生を豊かにするお手伝いができれば、著者としてこんなに嬉しいことはありません。

2024年7月　辻孝宗

著者プロフィール

辻孝宗（つじ・たかむね）

西大和学園中学校・高等学校教諭
1975年生まれ。岐阜県出身。西大和学園では、東大古文講座を10年以上持ち続け、生徒の東京大学進学をバックアップしている。100人規模で実施されるその授業は、あまりの人気から立ち見の生徒が続出するほど。楽しいだけでなく、最小限の努力でつねに学年を全国トップレベルへと導く授業は、生徒だけでなく教員からも大きな支持を得ている。毎年、新しいスタイルで授業が展開されることから、久しぶりに見にきた卒業生が「自分たちが受けた授業とまったく違う！」と、驚きの声をよく上げるという。最近では、学外からの要望を受け、「古文の面白さ」を伝える一般向けの講演も行っている。著書に、『一度読んだら絶対に忘れない国語の教科書』（小社刊）がある。

一度読んだら絶対に忘れない
文章術の教科書

2024年 9 月 6 日　初版第 1 刷発行
2025年 4 月12日　初版第 4 刷発行

著　者	辻孝宗
発行者	出井貴完
発行所	SBクリエイティブ株式会社 〒105-0001　東京都港区虎ノ門2-2-1
装　丁	西垂水敦（krran）
本文デザイン	斎藤充（クロロス）
本文図版	伊藤まや（Isshiki）
本文DTP	クニメディア株式会社
編集協力	カルペ・ディエム
編集担当	鯨岡純一
印刷・製本	三松堂株式会社

本書をお読みになったご意見・ご感想を
下記URL、またはQRコードよりお寄せください。
https://isbn2.sbcr.jp/26921/

落丁本、乱丁本は小社営業部にてお取り替えいたします。
定価はカバーに記載されております。
本書の内容に関するご質問等は、小社学芸書籍編集部まで
必ず書面にてご連絡いただきますようお願いいたします。

ISBN 978-4-8156-2692-1

大好評！ **一度読んだら絶対に忘れない**シリーズ

辻孝宗
一度読んだら
絶対に忘れない
JAPANESE TEXTBOOK
国語の教科書
7つの型で文章を理解
現代文、古文、漢文を同時に学ぶ
一生役立つ読解力が身につく
「こんな国語の授業は受けたことがない！」
「現代文、古文、漢文ってすべてつながっていたのか！」
と話題沸騰の
"画期的"な国語入門書
シリーズ累計100万部突破！

一度読んだら絶対に忘れない

国語の教科書

辻孝宗（著）
本体 1500円＋税
ISBN
978-4-8156-2016-5

現代文、古文、漢文を同時に学ぶ、一生役立つ読解力が身につく"画期的"な国語入門書！